小学1年 国語
ハイクラステスト

はじめに
— 指導される方々へ —

この『**国語 ハイクラステスト**』は、教科書の内容を十分理解したうえで、よりハイレベルな学力を目指す児童を対象に編集したものです。

本書は、小社既刊の『**国語 標準問題集**』よりもさらに精選されたハイレベルな問題を集めるとともに、教科書で取り上げられている、いわゆる〝**発展的な学習内容**〟も収録してあり、将来、有名国立・私立中学校を受験される児童への「中学入試準備問題集」として活用していただけるようにもなっています。

また、ご家庭でも学習指導がしやすいように、解答編には「**考え方**」や「**指導の手引き**」も設けてあります。

もくじ

本書に関する最新情報は，当社ホームページにある本書の「サポート情報」をご覧ください。（開設していない場合もございます。）

1 ひらがな①

〔　月　日〕

学習内容とねらい

物の名前や動作を表す言葉など、いろいろな言葉をひらがなで正しく書けるようにします。特に、濁音「゛」や半濁音「゜」を書きもらさないようにしましょう。

標準クラス

1 えを　みて、なまえを　かきましょう。

① 

□□□

② 

□□□□

③ 

□□□□□

④ 

□□□□□

2 （　）に　はいる　ことばを、あとから　えらんで　かきましょう。

①（　　）に　すわって　ほんを　よむ。

②（　　）が　きのみを　たべる。

③（　　）に　でかける。

④（　　）に　いとを　とおす。

はり　いす　りす　つり

3 くだものの　なまえを　ひらがなで　みっつ　かきましょう。

（　　）（　　）（　　）

4 □に はいる ことばを ひらがなで かきましょう。

① はるに なると、かだんの すみれの はなが □ でしょう。

② なつに なると、きおんが あがり、あせを たくさん □ ます。

③ あきに なると、あちこちで すずむしが □ だします。

④ ふゆに なると、やまでは ゆきが □ ます。

---

5 しりとりに なるように、（　）に ことばを かきましょう。

① かお →（　　）

② あし →（　　）

③ すずめ →（　　）

④ ゆうひ →（　　）

⑤ こいぬ →（　　）

⑥ かさ →（　　）

⑦ つみき →（　　）

⑧ ふね →（　　）

ハイクラス

じかん	ごうかくてん	とくてん
15ふん	80てん	てん

（　月　日）

1 なかまはずれの ことばを みつけて、（　）に かきましょう。（24てん・一《ひと》つ4てん）

① ふえ　たいこ　つえ　こと　（　　）

② だいこん　ばら　はくさい　なす　（　　）

③ えんぴつ　じょうぎ　はさみ　はし　（　　）

④ うさぎ　やま　いぬ　すずめ　（　　）

⑤ たい　りんご　みかん　もも　（　　）

⑥ なでる　にぎる　つかむ　はしる　（　　）

2 つぎの ぶんの なかで、まちがって いる じに ×を つけましょう。（20てん・一つ2てん）

① こうえんで、ともだちと かくわんぼを して おそびました。

② やすみの ひた、おかあきんと えいがを みに いきました。

③ ぼんの たこは、かぜに うかれて とんで いきました。

④ かぶとむしを つかまいようと、いつもより ほやく おきました。

⑤ くろい ぬこが、へいの うえを あろいて います。

3 つぎの ぶんの なかで、「゛」や「゜」の たりない じに ○を つけましょう。（20てん・一つ2てん）

① いもうとと ふたりで、じぶんたちの へやを きれいに そうししました。

② きんようひに、ともだちが ほくの うちに あそびに きます。

③ そらが とつせん あかるく ひかり、かみなりが なりたしました。

④ みちばたには、たんほほが たくさん さいて いました。

⑤ さむさて、てが かしかんで しまいました。

4 □に じを いれて、しりとりを かんせいさせましょう。（36てん・一つ4てん）

あしか—から—□—□—いか—

かも—□—□—だか—かつ—□—

□—にぎり—り—□—□—ずめ—

めが—□—□—こ—こけ—□

—□—いたけ—けんだ—□—

□—くら—らくが—□—□—つね

—ねず—□—□—かん

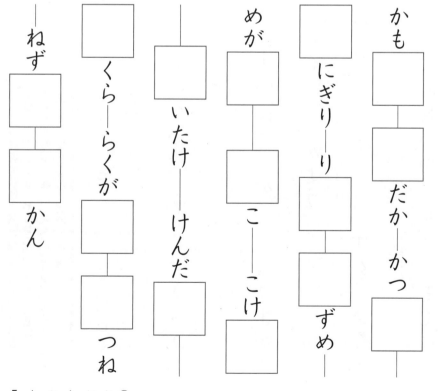

2 ひらがな②

学習内容とねらい

拗音の「ゃ・ゅ・ょ」や促音の「っ」を正しく書けるようにしましょう。また、長音(のばす音)の書き表し方に気を付けましょう。例外にも注意します。

（　月　日）

標準クラス

1 えを　みて、なまえを　かきましょう。

①  □□□

②  □□□

③  □□□□□

④  □□□□□

2 「つ」か「っ」を□に　ただしく　かきましょう。

① でんしゃが　て□きょうを　わたる。

② まいにち　が□こうまで　あるいて　かよう。

③ ま□ぼ□くりを　ひろう。

④ せんせいの　し□もんに　こたえる。

⑤ はこを　ゆかの　うえに　□みあげる。

3 ただしい ほうに ○を つけましょう。

① はがきに {（　）きつて／（　）きって} を はる。

② かぜを ひいたので、{（　）びょういん／（　）びよういん} へ いった。

③ ちちに {（　）おもちや／（　）おもちゃ} を かって もらった。

④ ろうかを はしって、せんせいに {（　）ちゆうい／（　）ちゅうい} された。

4 ただしい ほうに ○を つけましょう。

①（しょおかき・しょうかき）

②（おおさま・おうさま）

③（おぼうさん・おぼおさん）

④（そうじ・そおじ）

⑤（いもうと・いもおと）

⑥（じょうぎ・じょおぎ）

⑦（けえさつ・けいさつ）

⑧（とけい・とけえ）

⑨（こおり・こうり）

〔　月　日〕

じかん	ごうかくてん	とくてん
15ふん	80てん	てん

1 つぎの ことばを、のばす おんに ちゅういして、ただしく かきなおしましょう。（30てん・一《ひと》つ6てん）

① ほおちょお →（　　　）

② おうかみ →（　　　）

③ せえかつ →（　　　）

④ れえぞおこ →（　　　）

⑤ しょおぼおしゃ →（　　　）

2 えを みて、（　）に はいる ことばを あとから えらんで かきましょう。（20てん・一つ5てん）

① 
おもわず（　　　）を した。

② 
みんなで、（　　　）を たべる。

③ 
じを かく（　　　）を する。

④ 
（　　　）に のる。

れんしゅう　じてんしゃ
きゅうしょく　くしゃみ

3 つぎの　ぶんの　なかで、ちいさく　かく　じに　○を　つけましょう。（30てん・一つ3てん）

① わたしは　しゅうじを　ならって　います。

② あたらしい　きようかしよを　うけとりました。

③ きようの　ひるやすみは、としよしつで　ほんを　よみました。

④ ぼくと　おじいちゃんは、はなが　そつくりです。

⑤ うつかりして、しゆくだいを　わすれて　しまいました。

4 つぎの　ぶんの　なかで、まちがって　いる　じに　×を　つけましょう。（20てん・一つ2てん）

① きゆうに　あめが　ふりだして、ふくまで　ぐつしより　ぬれて　しまった。

② おとおとと　いっしよに、いえから　とうい　おみせまで　おつかいに　いった。

③ ぴょんぴょん　はねる　うさぎを　つかまえよおと、ぼくは　ひつしで　おいかけた。

④ あさ、せんせえに、おはよおございますと　あいさつを　した。

3 かたかな

〔　月　日〕

学習内容とねらい

ひらがなとの形の違いに注意して、かたかなの文字を正確に書けるようにします。ひらがなと同様、拗音や促音、また長音の書き方にも注意しましょう。

標準クラス

1 かきじゅんの　ただしい　ほうに　○　を　つけましょう。

① タ

（　）ノ　ㇰ　タ

（　）ノ　ク　タ

② ネ

（　）、　ラ　ネ　ネ

（　）、　ラ　ス　ネ

③ ビ

（　）、　゛　゛　ビ

（　）一　ヒ　ビ　ビ

2 えを　みて、かたかなで　なまえを　かきましょう。

①

②

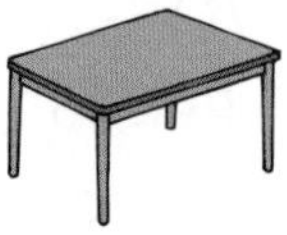

③

④

3 ただしい　ほうに　○を　つけましょう。

①
（　）パレツト
（　）パレット

②
（　）スカアト
（　）スカート

③
（　）シヤンプー
（　）シャンプー

④
（　）ダイヤモンド
（　）ダイアモンド

⑤
（　）カーネーション
（　）カーネエション

---

4 かたかなで　かいた　せつめいを　よんで、どうぶつの　なまえを　ひらがなで　かきましょう。

① シッポガ　アリマス。ニャーニャート　ナキマス。
（　　　）

② セガ　タカクテ、トテモ　クビノ　ナガイ　ドウブツデス。
（　　　）

③ チイサクテ　シッポガ　アリマス。スルドイ　ハデ　ナンデモカジリマス。
（　　　）

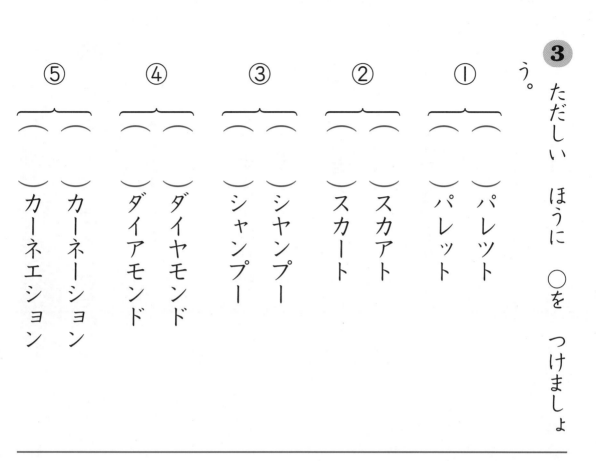

ハイクラス

じかん	ごうかくてん	とくてん
15ふん	80てん	てん

（　月　日）

1 つぎの　ことばを　かたかなで　かき　ましょう。（20てん・一《ひと》つ4てん）

① ほっとけえき　→（　　　　）

② くりすますつりい　→（　　　　）

③ ぷれぜんと　→（　　　　）

④ さんたくろおす　→（　　　　）

⑤ じんぐるべる　→（　　　　）

2 つぎの　ことばに　つづけて、かたかなの　しりとりを　しましょう。（24てん・一つ4てん）

① ピアノ　→（　　　　）

② カード　→（　　　　）

③ ボート　→（　　　　）

④ アイス　→（　　　　）

⑤ ペダル　→（　　　　）

⑥ ラムネ　→（　　　　）

3 つぎの ことばを ただしく かきなおしましょう。（24てん・一つ4てん）

① キヤツチボオル →（　　）

② ジエツトコオスタア →（　　）

③ ユニホオム →（　　）

④ リユツクサツク →（　　）

⑤ コオヒイカツプ →（　　）

⑥ モノレエル →（　　）

---

4 つぎの ぶんの なかで、まちがって いる じに ×を つけましょう。（32てん・一つ4てん）

① こうえんで、ツャボンだまを とばした。

② ちゃいろの ズボソを はく。

③ がっこうの フールで およぐ。

④ あたたかい マララーを あんで もらう。

⑤ ヘリコプタアに のる。

⑥ ベンギンの かんさつを する。

⑦ あたらしい カナラを かう。

⑧ ボーリペンで じを かく。

4 ひらがなと　かたかな

学習内容とねらい

どのような言葉をかたかなで書くのか、問題練習を通して理解するようにします。ひらがなで書くべき言葉をかたかなで書かないように注意しましょう。

（　月　日）

標準クラス

1 （　）に　はいる　ことばを、あとから　えらんで　かきましょう。

①　おかあさんは　だいどころで　（　　　）を　つける。

②　いえまで　（　　　）に　のって　かえる。

③　えいがの　（　　　）を　はる。

④　（　　　）で　できた　おきもの。

⑤　おやつに　（　　　）を　たべる。

クッキー　タクシー　ガラス　ポスター　エプロン

2 えの　なかから　かたかなで　かくものを　よっつ　みつけて、なまえを　かきましょう。

（　　　）（　　　）（　　　）（　　　）

3 かたかなで かく ことばの よこに ——を ひきましょう。

① きょうの ばんごはんは、はんばあぐと すうぷでした。

② らけっとで ぼおるを うちかえしました。

③ てれびの りもこんを とって ください。

④ とらっくと おおとばいが ならんで はしって います。

⑤ ほてるで ふらんすりょうりを たべました。

4 えに あう なきごえや ものおとを あとから えらんで、きごうで こたえましょう。

①  （　　）

②  （　　）

③  （　　）

④  （　　）

ア ゴホンゴホン　**イ** ピヨピヨ

ウ ワンワン　**エ** ゴロゴロ

ハイクラス

〔　月　日〕

じかん	ごうかくてん	とくてん
15ふん	80てん	てん

1 つぎの　ことばの　なかで、かたかなで　かかない　ものが　いつつ　ありま す。×を　つけましょう。（30てん・一《ひと》つ6てん）

①（　）タマゴ
②（　）コップ
③（　）カメラ
④（　）メガネ
⑤（　）トケイ
⑥（　）チョーク
⑦（　）コンニャク
⑧（　）シャンプー
⑨（　）ランドセル
⑩（　）ケータイデンワ

2 つぎの　ことばを、ひらがなと　かたかなを　つかって　かきましょう。（20てん・一つ4てん）

① ゆうびんぽすと（　　）
② けしごむ（　　）
③ きんぞくばっと（　　）
④ えきまえびる（　　）
⑤ がくしゅうのおと（　　）

3 （　）に　はいる　ことばを、あとから　えらんで　かきましょう。かたかなで　かく　ことばは　かたかなに　なおしましょう。（20てん・一つ4てん）

① かわを（　　　）およぐ。

②（　　　）あめが　ふる。

③ さむさで（　　　）ふるえる。

④（　　　）と　やぎが　なく。

⑤ かざぐるまが（　　　）まわって　いる。

ぶるぶる　めえめえ　すいすい
くるくる　ざあざあ

はってん

4 つぎの　ぶんしょうには、かたかなで　かく　ことばが　むっつ　あります。よこに　――を　ひきましょう。（30てん・一つ5てん）

① きのう　ぼくは、かぞくで　どらいぶに　いきました。みなとに　つくと、ふぇりいが　とまって　いました。ひとが　どんどん　のりこんで　いくのが　みえました。

② にちようびに、ぼくは　きんじょの　あすれちっくに　いきました。だんさを　のりこえたり、ろおぷで　つくった　ねっとを　くぐったり　しました。つぎは　さいくりんぐに　いって　みたいです。

5 ことばの　いみ

（　月　日）

学習内容とねらい

一つ一つの言葉の意味に注意して、文全体の意味を正しくとらえられるようにします。意味がわからない言葉は、辞書を引いて確かめるようにしましょう。

標準クラス

1 ——の　ことばの　いみを　あとから　えらんで、それぞれ　きごうで　こたえましょう。

① よていが　びっしり　つまって　いる。

ア すきまなく　**イ** ひろがって　**ウ** すくなく　（　　）

② かくごして　はいしゃさんに　いく。

ア こころを　きめて　**イ** こまって　**ウ** てんけんして　（　　）

③ みずに　つけると、たちまち　とけて　しまった。

ア だんだんと　**イ** あっと　いう　まに　**ウ** しずかに　（　　）

2 つぎの　ことばと　はんたいの　いみの　ことばを　かきましょう。

① まえ　↔　（　　）

② かるい　↔　（　　）

③ ひろい　↔　（　　）

④ おそい　↔　（　　）

⑤ ながい　↔　（　　）

⑥ かたい　↔　（　　）

3 つぎの　ぶんしょうを　よんで　こたえましょう。

かえるは、つちの　□に　もぐったり、おちばの　したに　はいったりして、ふゆを　①すごします。からだが　つめたく　なって、②ふかく　ねむって　います。ものおとを　③たてても　うごきません。

へびも、ふゆの　あいだ、つちの　□で　ねむって　います。

(1)　ぶんしょうちゅうの　ふたつの　□には、おなじ　ことばが　はいります。「うえ」「なか」「した」の　うちから　えらんで　かきましょう。

（　　）

はってん
(2)　——①～③の　ことばの　いみを、それぞれ　きごうで　こたえましょう。

①　すごします
ア　くらします
イ　しすぎます
ウ　ほうって　おきます

（　　）

②　ふかく
ア　きょりが　ながく
イ　ていどが　つよく
ウ　いろが　こく

（　　）

③　たてても
ア　まっすぐに　しても
イ　いえを　つくっても
ウ　だしても

（　　）

ハイクラス

じかん	ごうかくてん	とくてん
20ぷん	80てん	てん

（　月　日）

1 つぎの　ぶんしょうを　よんで　こたえましょう。

つばめは、①あきに　なって、つめたいかぜが　ふいて　くると、②みなみの　あたたかい　ところへ　わたって　いきます。ふゆに　なると、こごえて　しまうし、えさに　なる　むしが　いなく　なるからです。

つばめと　ちがって　ふゆに　なると、にほんに　やって　くる　とりも　います。

はくちょうや　かもは、③さむさの　きびしい　きたの　くにから、にほんの　みずうみや　かわへ　やって　きて　ふゆを　すごします。

(1)　——①の　つぎに　くる　きせつを、ぶんしょうちゅうから　ぬきだして　かきましょう。（20てん）

（　　　）

(2)　——②と　はんたいの　いみの　ことばを、ぶんしょうちゅうから　ぬきだして　かきましょう。（20てん）

（　　　）

(3)　——③とは、どう　いう　いみですか。きごうで　こたえましょう。（10てん）

ア　あたたかい

イ　それほど　さむく　ない

ウ　ひどく　さむい

（　　　）

2 つぎの ぶんしょうを よんで こたえましょう。

どきどきしながら いえの ドアを あけると、おかあさんが、

「しんすけ、なにか わすれものを したでしょう。」

と いいました。ぼくは
「かさを わすれちゃった。」

と、①ちいさい こえで いいました。すると、おかあさんは、

「いしかわさんの おばさんが、もって きて くださったのよ。②おばさんに おれいを いって きなさいよ。」

と いいました。ぼくは ほっと しました。

(1) つぎの ようすが わかる ことばを ぶんちゅうから さがして かきましょう。(20てん・一《ひと》つ10てん)

① きんちょうして いる ときの ようす（　　　）

② あんしんした ときの ようす（　　　）

(2) わすれものとは なんだったのですか。(10てん)

（　　　）

はってん

(3) ——①から、ぼくの どんな きもちが わかりますか。(10てん)

（　　　）

(4) おかあさんが ——②と いったのは どうしてですか。(10てん)

（　　　）

チャレンジテスト①

（　月　日）

じかん	ごうかくてん	とくてん
20ぷん	80てん	てん

1 えを　みて、ひらがなや　かたかなで　なまえを　かきましょう。（20てん・一《ひと》つ4てん）

① 

② 

③ 

④ 

⑤ 

2 しりとりに　なるように、（　）に　ひらがなの　ことばを　かきましょう。（30てん・一つ6てん）

① しか　→（　　）→　めだか

② きいろ　→（　　）→　くすり

③ きつね　→（　　）→　みそしる

④ なまえ　→（　　）→　つりばし

⑤ ぼうし　→（　　）→　まきずし

3 つぎの（　）に、——の ことばと はんたいの いみの ことばを かきましょう。（25てん・一つ5てん）

① ・おにいさんは、ゲームで おとうとに かった。
・おとうとは、ゲームで おにいさんに（　　　）。

② ・この いけは ふかい。
・この いけは（　　　）。

③ ・にかいに あがる。
・いっかいに（　　　）。

④ ・まどを あける。
・まどを（　　　）。

⑤ ・でんしゃから おりる。
・でんしゃに（　　　）。

---

4 つぎの みっつの ぶんの なかから かたかなで かく ことばを みつけて、かたかなで かきましょう。ぜんぶで いつつ あります。（25てん・一つ5てん）

① ともだちと さっかあを して あそぼうと おもって、いえから ぼおるを もって きました。

② きゅうに あめが ざあざあ ふって きて、かみなりも ごろごろ なりだしました。

③ あめが やんで、ぼくたちが ぐらうんどに でると、そよそよと かぜが ふいて いました。

（　　　）（　　　）
（　　　）（　　　）
（　　　）

チャレンジテスト②

（　月　日）

じかん	ごうかくてん	とくてん
20ぷん	80てん	てん

1 ただしい ほうに ○を つけましょう。（24てん・一《ひと》つ3てん）

① （とおきょう・とうきょう）

② （ジャングル・ジヤングル）

③ （おおかみ・おうかみ）

④ （テエブル・テーブル）

⑤ （すいとお・すいとう）

⑥ （ジュース・ジュウス）

⑦ （ひょおたん・ひょうたん）

⑧ （カスタネツト・カスタネット）

2 しりとりに なるように、（　）に かたかなの ことばを かきましょう。（28てん・一つ4てん）

① サーカス →（　　）

② オートバイ →（　　）

③ ピクニック →（　　）

④ アルミ →（　　）

⑤ ポケット →（　　）

⑥ コアラ →（　　）

⑦ ケーキ →（　　）

3 つぎの ――の ことばの いみを あとから えらんで、きごうで こたえましょう。（24てん・一つ8てん）

① いぬに おいかけられ、<u>いちもくさんに</u> にげだした。

ア ひっしに　イ こわくて
ウ とつぜん　（　　）

② ありは <u>せっせと</u> えさを すに はこんで いる。

ア じゅんばんに
イ ていねいに
ウ やすまずに　（　　）

③ おすしを <u>たらふく</u> たべた。

ア ゆっくり　イ いっぺんに
ウ おなか いっぱい　（　　）

---

4 つぎの ぶんの なかで、まちがって いる じに ×を つけ、よこに ただしい じを かきましょう。（24てん・一つ3てん）

① きは はつはを おとし、ふゆを むかえる じゅんびを します。

② おっかいに いき、やおやさんで きゅうりを さんぽん かいました。

③ ぼくは、きんしょの サッカアチイムに はいって います。

6 かんじを　よむ

学習内容とねらい

漢字を使った言葉や文を読み、意味をとらえられるようにします。また、文脈によって読み方が違ってくることも学びます。

標準クラス

1 ――の　かんじの　よみかたを　かきましょう。

① 車（　　）に　のって、山（　　）へ　いく。

② 空（　　）から　雨（　　）が　ふって　くる。

③ 森（　　）の　中（　　）に　ある　村（　　）。

④ 赤（　　）い　くつの　女（　　）の　子（　　）。

2 ――の　かんじの　よみかたを　かきましょう。

① 月（　　）ロケット・月（　　）ようび

② お金（　　）もち・金（　　）ようび

③ 木（　　）のぼり・木（　　）ようび

④ 水（　　）あび・水（　　）ようび

⑤ 火（　　）かげん・火（　　）ようび

3 つぎの　かんじの　よみかたを、ふたとおり　かきましょう。

① 犬（　　）（　　）

② 町（　　）（　　）

③ 田（　　）（　　）

④ 糸（　　）（　　）

⑤ 林（　　）（　　）

4 ――の　かんじの　よみかたを　かきましょう。

① 雨足（　　）が　つよく　なる。

② ノートに　文字（　　）を　かく。

③ 休日（　　）に、かぞくで　ゆうえんちへ　いく。

④ 一目（　　）で　ちがいが　わかる。

⑤ まつの　大木（　　）を　きる。

ハイクラス

〔　月　日〕

じかん	ごうかくてん	とくてん
20ぷん	80てん	てん

1 ――の　かんじの　よみかたを　かきましょう。（32てん・一《ひと》つ4てん）

①（　　）王さま
②（　　）正じき
③（　　）竹とんぼ
④（　　）三日月
⑤（　　）気ぶん
⑥（　　）本名
⑦（　　）百円
⑧（　　）見学

2 ――の　かんじの　よみかたを　かきましょう。（24てん・一つ4てん）

①（　　）男女に　わかれて　あそぶ。
②あいにくの（　　）雨天に　なる。
③（　　）学校で　ともだちや（　　）先生と　はなす。
④きょうは（　　）人出が　おおい。
⑤（　　）空中に　うかんで　いる。

3 〔　〕の　かんじを　あとの　なかまに　わけて、それぞれの　よみかたを　一つ　かきましょう。（20てん・一つ2てん）

〔下　手　青　耳　白　赤　左　足　上　目〕

① いろを　あらわす　かんじ

□（　　）□（　　）□（　　）

② ほうこうを　あらわす　かんじ

□（　　）□（　　）□（　　）

③ からだを　あらわす　かんじ

□（　　）□（　　）□（　　）□（　　）

はってん

4 ――の　かんじの　よみかたを　かきましょう。（24てん・一つ4てん）

① よぞらに　天の川（　　）が　見《み》える（　　）。

② みんなで　七夕（　　）の　かざりつけを　する。

③ 大人（　　）に　ついて　きて　もらう。

④ こうさくの　しゅくだいを　しあげるのに、二日（　　）かかった。

⑤ おかあさんは、りょうりが　とても　上手（　　）だ。

7 かんじを　かく ①

〔　月　日〕

学習内容とねらい

字のバランスに注意して、漢字を書いていきます。それぞれの漢字を使った言葉の意味についても考えさせるようにします。

標準クラス

1 かんじで　かきましょう。

① そら

② いし

③ むし

④ いと

⑤ みみ

⑥ はやし

⑦ むら

⑧ おんな

⑨ つき

⑩ ちから

2 まちがって　いる　かんじに　×を　つけて、正《ただ》しく　かきなおしましょう。

① どそく＝上足

② したみ＝下貝

③ たいきん＝犬金

④ おうじ＝玉子

⑤ ひゃくにん＝百入

⑥ あまみず＝雨木

3 □に かんじを かきましょう。

① ひろい □《か》だん。

② □《そう》げんを あるく。

③ □《き》もちが いい。

④ あく□《しゅ》を する。

⑤ でん□《しゃ》に のる。

⑥ □《こう》ていで あそぶ。

4 □に かんじを かきましょう。

① □□《がくねん》と □《な》まえを かく。

② □《やま》に しずむ □□《ゆうひ》。

③ □《あか》と □《しろ》の はた。

④ □《おとこ》の □□《せんせい》。

⑤ □《もり》の □《なか》の こや。

⑥ □《あお》い □《め》の にんぎょう。

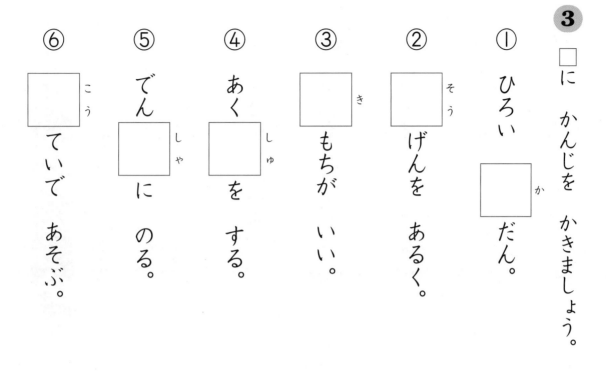

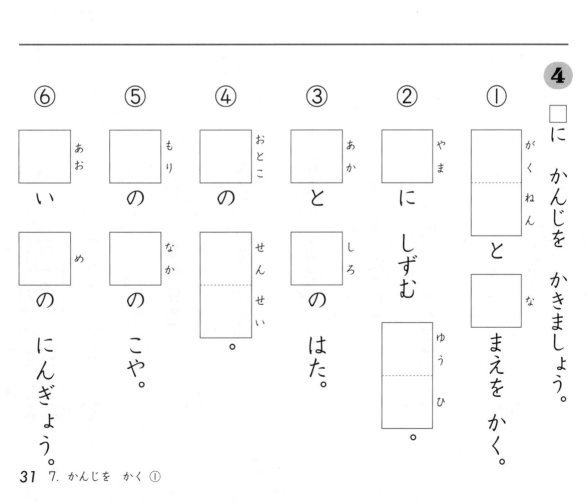

ハイクラス

じかん 20ぷん　ごうかくてん 80てん　とくてん　　てん

（　月　日）

1 ――の　ところを　かんじで　かきましょう。（24てん・一《ひと》つ4てん）

① こかげで　やすむ。
② みせに　はいる。
③ ながく　いきる。
④ さんすうを　まなぶ。
⑤ せきが　あく。
⑥ あたりが　でる。

2 はってん ――の　ところを　かんじで　かきましょう。（30てん・一つ5てん）

① おがわが　ながれる。
② ほんみょうで　かく。
③ ひばなが　ちる。
④ ちくりんを　たずねる。
⑤ ちょうりつの　としょかん。
⑥ もじを　よむ。

3

□に はいる ことばを あとから えらんで、かんじで かきましょう。（10てん・一つ2てん）

① にわに □を うえる。

② おおきな □が する。

③ □に のって でかける。

④ □が つかれる。

⑤ □を のむ。

あし おと みず き くるま

4

□に かんじを かきましょう。（36てん・一つ6てん）

① □□□□《はっせんじゅうえん》 はらう。

② □□《ひとで》ぶそくに なやむ。

③ □□《だんじょ》こんごうリレー。

④ □□□□《じょうげさゆう》に うごく。

⑤ □□《はやくち》ことばを いう。

⑥ □□□《うてんちゅう》しに なる。

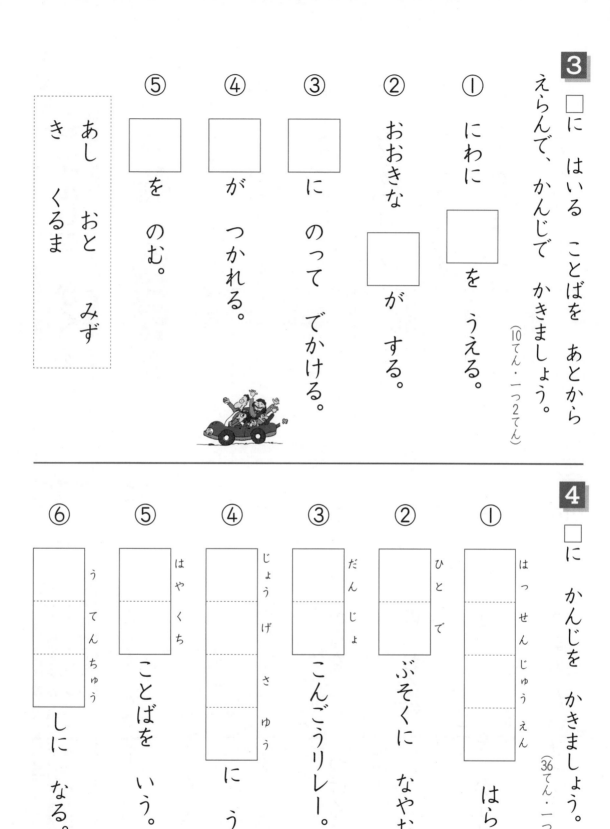

8 かんじを　かく ②

（　月　日）

学習内容とねらい

反対の意味の漢字、いくつかの読み方がある漢字、字形の似ている漢字、また、少し難しい言葉の漢字などを書く練習をします。

標準クラス

1 かんじで　かきましょう。

① いちがつみっか　□

② しがつついたち　□

③ ろくがつようか　□

④ にがつここのか　□

⑤ さんがつはつか　□

⑥ ごがつとおか　□

2 □に　かんじを　かきましょう。

① □《ひと》が　□《はい》って　くる。

② □《こ》かげで　□《ほん》を　よむ。

③ □《かい》がらを　□《み》つける。

④ □《むら》の　おくの　□《はやし》。

⑤ □《おお》きい　□《いぬ》を　かう。

⑥ □《おう》さまの　たいせつな　□《たま》。

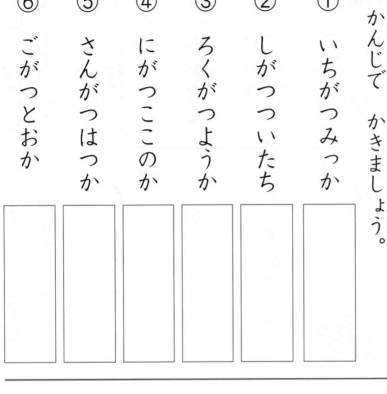

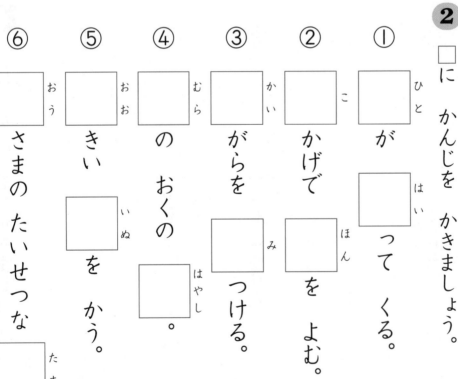

3 からだに かんけいの ある かんじを かきましょう。

① あし
② て
③ みみ
④ め
⑤ くち

4 ようびの かんじを かきましょう。

① にち
② げつ
③ か
④ すい
⑤ もく
⑥ きん
⑦ ど

5 ――は おなじ かんじで かきます。その かんじを かきましょう。

① まるい えんを かく。
② かだんに はなを うえる。
③ がっこうで まなぶ。
④ 小《こ》いしの ような かせき。
⑤ はくちょうの しろい はね。
⑥ そうげんの くさを かる。

〔　月　日〕

じかん	ごうかくてん	とくてん
20ぷん	80てん	てん

ハイクラス

1 □に はいる ことばを あとから えらんで、かんじで かきましょう。（24てん・一《ひと》つ4てん）

① こうじょうを □ する。

② □ を まわす。

③ □ が ふんかした。

④ きょうは □ だ。

⑤ □ に すむ とり。

⑥ □ に おぞうにを たべる。

しょうがつ　いとぐるま
しんりん　きゅうじつ
けんがく　かざん

2 はんたいの いみを もつ かんじを かきましょう。（10てん・一つ2てん）

① 右↕□

② 出↕□

③ 上↕□

④ 女↕□

⑤ 小↕□

3 □に かんじを かきましょう。（36てん・一つ3てん）

① □《ゆう》はんに お□《せき》はんを たべる。

② き□《りつ》して □《こう》かを うたう。

③ となり□《まち》の □《と》ちを かう。

④ □《さき》に ちゅう□《もん》する。

⑤ □《から》に なった □《たけ》の かご。

⑥ □《あま》ぐを かばんに □《い》れる。

はってん 4 □に かんじを かきましょう。（30てん・一つ5てん）

① □□《すいでん》に みずを ひく。

② □□《ふたて》に わかれて にげる。

③ きれいな □□《もくめ》。

④ □□《にんき》の ある まんが。

⑤ □□□《ひとあしはや》く つく。

⑥ □《あま》の □《がわ》を ながめる。

9 かんじの かきじゅん

（　　月　　日）

学習内容とねらい

一年生で習う字は、これから学ぶ漢字の基本となります。正しく整った字を書くために、漢字の書き順や画数をしっかり身に付けておきましょう。

標準クラス

1 3かいで かく かんじに ○を つけましょう。

下　火　小　水　夕

大　文　中　千　子

2 4かいで かく かんじと、5かいで かく かんじに わけましょう。

目　立　天　白

本　円　王　手

4かい（　　　　　　　）

5かい（　　　　　　　）

3 かきじゅんの 正《ただ》しい ほうに、○を つけましょう。

① 九
（　）ノ 九
（　）乙 九

② 上
（　）丨 ト 上
（　）ー ト 上

③ 田
（　）丨 冂 冃 田 田
（　）丨 冂 冊 田 田

④ 日
（　）丨 冂 口 日
（　）丨 冂 月 日

4 やじるしの　ところは、なんかいめに　かきますか。（　）に　すうじを　かきましょう。

①虫（　）　②石（　）

③年（　）

5 れい に　ならって、かきじゅんを　かきましょう。

れい　土（一　十　土）

①右（　）

②左（　）

③車（　）

④雨（　）

⑤校（　）

---

6 なんかいで　かきますか。（　）に　すうじを　かきましょう。

①五（　）　②生（　）

③町（　）　④森（　）

⑤四（　）　⑥足（　）

⑦月（　）　⑧出（　）

⑨空（　）　⑩女（　）

年　月　日

じかん	ごうかくてん	とくてん
20ぷん	80てん	てん

ハイクラス

1 かんじに　あう　かきかたを、——で　むすびましょう。（20てん・一《ひと》つ4てん）

① 十・　　・ア　はじめに　左《ひだり》と　右《みぎ》を　かく。
② 水・　　・イ　よこを　先《さき》に　かく。
③ 三・　　・ウ　上《うえ》から　じゅんに　かく。
④ 川・　　・エ　中《なか》を　先に　かく。
⑤ 火・　　・オ　左から　じゅんに　かく。

---

2 かく　かいすうが　おおい　ほうに　○を　つけましょう。（32てん・一つ4てん）

① 子（　）　日（　）
② 白（　）　木（　）
③ 見（　）　青（　）
④ 竹（　）　車（　）
⑤ 右（　）　六（　）
⑥ 立（　）　早（　）
⑦ 名（　）　目（　）
⑧ 村（　）　休（　）

3 かんじの　かきじゅんを　かきましょう。（16てん・一つ4てん）

①耳（一　丅　　）

②王（　）

③糸（　）

④先（　）

4 つぎの　じゅんばんで　かいた　とき、できる　かんじを（　）に　かきましょう。（12てん・一つ4てん）

①（　）一　丨　ノ　㇏　一

②（　）丨　𠃊　丶　𠃊　丶

③（　）丶　㇇　一　丨　一　ノ　㇏

5 つぎの　かんじを　あとの　ように　わけましょう。（20てん・一つ4てん）

林　赤　草　校　金　男
気　花　百　貝　音　字

①6かいで　かく　かんじ（　）

②7かいで　かく　かんじ（　）

③8かいで　かく　かんじ（　）

④9かいで　かく　かんじ（　）

⑤10かいで　かく　かんじ（　）

10 かんじと　かなで　かく

学習内容とねらい

訓読みの漢字を、漢字と送りがなで正しく書けるようにします。特に、読み方が複数ある漢字の場合は注意します。

〔　月　日〕

標準クラス

1 ——の　ことばを　かんじと　ひらがなで　かきましょう。

① あめを　ひとつ（　　）たべる。

② けしゴムが　いつつ（　　）ある。

③ 石《いし》を　ここのつ（　　）ひろう。

④ ほしが　ななつ（　　）みえる。

⑤ ボタンを　やっつ（　　）つける。

2 かきかたが　あって　いる　ものは　○を　つけ、まちがって　いる　ものは　ただしく　かきなおしましょう。

れい　正《ただ》しい　→（正しい）

① 大《おお》きい　→（　　）

② 休《や》すむ　→（　　）

③ 赤《あ》かい　→（　　）

④ 早《はや》い　→（　　）

⑤ 立《た》てる　→（　　）

3 それぞれの　よみかたに　なるように、かんじと　ひらがなで　かきましょう。

① 上
あげる　（　　）
のぼる　（　　）

② 下
さがる　（　　）
おろす　（　　）
くだる　（　　）

① 生
いきる　（　　）
うまれる　（　　）
はえる　（　　）

4 ――の　ことばを　かんじと　ひらがなで　かきましょう。

① いたに　あなを　あける。（　　）
② お金《かね》が　たりない。（　　）
③ きょうしつに　はいる。（　　）
④ あかりが　みえる。（　　）
⑤ ちいさい　くつ。（　　）
⑥ まるく　わに　なる。（　　）

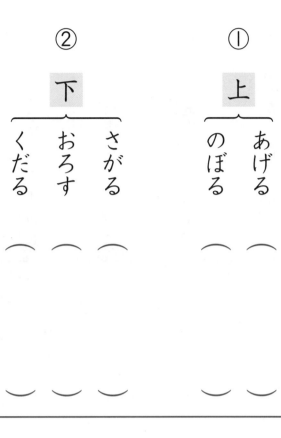

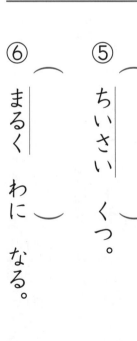

ハイクラス

1 ——の ことばを かんじと ひらがなで かきましょう。(24てん・一《ひと》つ4てん)

① 川《かわ》を くだる。( )

② ねこが うまれる。( )

③ あたまを さげる。( )

④ お金《かね》を おろす。( )

⑤ 草《くさ》が はえる。( )

⑥ さかを のぼる。( )

2 ——の ことばを かんじと ひらがなで かきましょう。ひらがなが いらない ものも あります。(20てん・一つ4てん)

① お金の だしいれ。( )

② ゆうだちに あう。( )

③ てばやく すます。( )

④ あおじろい かお。( )

⑤ あめあがりの 空《そら》。( )

じかん	ごうかくてん	とくてん
20ぷん	80てん	てん

〔 月 日〕

3 ——の ことばを それぞれ かんじと ひらがなで かきましょう。(56てん・一つ4てん)

① おかしが ㋐みっつしか なかったので ㋑ふたつ ㋒たりませんでした。

㋐（　　） ㋑（　　） ㋒（　　）

② ㋐やすみたいのなら、いま せきが ㋑いつつ ㋒あいて います。

㋐（　　） ㋑（　　） ㋒（　　）

③ ㋐まるい あなが ㋑やっつ、四《し》かくい あなが ㋒ここのつ あります。

㋐（　　） ㋑（　　） ㋒（　　）

④ わたしに ㋐ただしい こたえを ㋑みせて ください。

㋐（　　） ㋑（　　）

⑤ さんすうでは、㋐おおきい かずから ㋑ちいさい かずを ひく ひきざんを ㋒まなんで います。

㋐（　　） ㋑（　　） ㋒（　　）

チャレンジテスト③

じかん	ごうかくてん	とくてん
20ぷん	80てん	てん

〔　月　日〕

1 ――の かんじの よみかたを かきましょう。（20てん・一《ひと》つ4てん）

① 学校で（　　）べんきょうする。

② りっぱな 青年に（　　）なる。

③ 草花を（　　）たいせつに する。

④ うつくしい 夕日を（　　）みる。

⑤ 木目に（　　）そって 木《き》を きる。

2 つぎの ことばに つながるように、「生」を つかった ことばを かきましょう。ひらがなで かく ところに ちゅういしましょう。（20てん・一つ5てん）

① あたらしい はが（　　　）た。

② ぼくは なつに（　　　）た。

③ たまごを（　　　）で たべる。

④ にわとりが たまごを（　　　）だ。

3 □に かんじを かきましょう。（36てん・一つ6てん）

① 山《やま》は □□《てんき》が かわりやすい。

② めずらしい きってを □□《にゅうしゅ》した。

③ □□《いとぐるま》を まわす。

④ □《かい》がらを ひろった。

⑤ □□□□《じょうげさゆう》を たしかめる。

⑥ くにの □□《じんこう》を しらべる。

4 つぎの ぶんを、できるだけ かんじに なおして かきましょう。（24てん・一つ6てん）

① そらを みると、つきが でて いた。

（　　　　　　　　）

② むらには、もりや はやしが ある。

（　　　　　　　　）

③ だんじょが、まるく わに なって おどる。

（　　　　　　　　）

④ なまえを よばれ、たちあがった。

（　　　　　　　　）

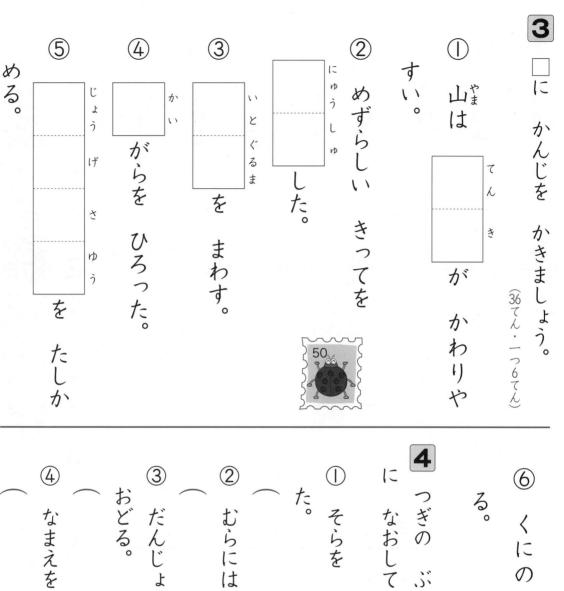

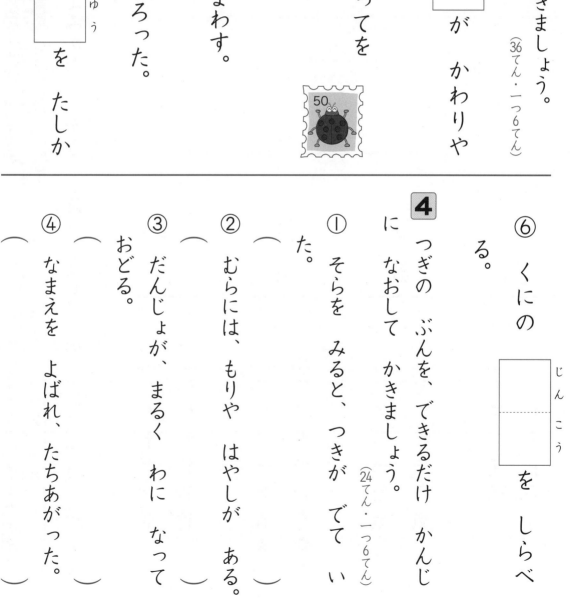

チャレンジテスト ④

じかん 20ぷん　ごうかくてん 80てん　とくてん てん

（　月　日）

1 つぎの かんじの よみかたを かきましょう。（32てん・一《ひと》つ4てん）

① 八月九日（　　）
② 人力車（　　）
③ 百円玉（　　）
④ 水田（　　）
⑤ 土足（　　）
⑥ 糸口（　　）
⑦ 五つ子（　　つ）
⑧ 花見（　　）

2 かきじゅんの 正《ただ》しい ほうに、○を つけましょう。（16てん・一つ4てん）

① 竹
（　）ノ ト ケ ケ' ケケ 竹
（　）ノ イ ケ ケ' 竹 竹

② 青
（　）一 = 三 丰 丰 青 青 青
（　）一 十 キ 丰 丰 青 青 青

③ 気
（　）ノ ノ' ヒ 气 気 気
（　）ノ ノ' ヒ 气 気 気

④ 玉
（　）一 二 千 王 玉
（　）一 丁 干 王 玉

3 □に かんじを かきましょう。（36てん・一つ3てん）

① □□《すいでん》に なえを うえる。

② □《むし》に □《みみ》たぶを さされた。

③ □《かわ》べりで □□《こいし》を あつめる。

④ □□《さんじっ》キロも あるいた。

⑤ □《ぶん》しょうを □《むっ》つに わける。

⑥ □《あか》と □《しろ》の くみに わかれる。

⑦ □《ほん》を □《なな》さつ かりた。

4 ——の ことばを かんじと ひらがなで かきましょう。（16てん・一つ4てん）

① にわを ていれする。（　　）

② からだが おおきい。（　　）

③ 一ます あけて、かく。（　　）

④ かぜで ならいごとを やすむ。（　　）

（　月　日）

11 「は」「へ」「を」を 正《ただ》しく つかう

学習内容とねらい

助詞の「は」「へ」「を」を誤って使うと、文が不自然で読みにくくなってしまいます。正しく使えるように、繰り返し練習します。

標準クラス

1 「お」か 「を」を □に 正《ただ》しく かきましょう。

① □とうさんと さかな□ つりに いきます。

② □べんとうの □にぎり □たべました。

③ あさが□□、まい日《にち》 かんさつして います。

2 「え」か 「へ」を □に 正しく かきましょう。

① びじゅつかん□ いって、うつくしい □を 見《み》ました。

② ふ□を もって、音《おん》がくしつ□ いどうして ください。

③ えき□、おばあちゃんを むか□に いきました。

3 つぎの　文《ぶん》で　まちがって　いる　字《じ》に　×を　つけて、よこに　正しく　かきなおしましょう。

① わたしわ、りんごを　たべます。

② かけっこお　しに　のはらえ　いきます。

③ をかしを　たべおはりました。

④ ぼくわ　うみべえ　いきました。

⑤ ははは、学校《がっこう》え　花《はな》お　とどけました。

4 「は」か　「へ」か　「を」を　□に　正しく　かきましょう。

① あした□、まちに　まったうんどうかいです。

② ゆうえんちに□、のりものがたくさん　あります。

③ すべりだい□すべって、あそびました。

④ びっくりした　かお□して、立《た》って　いました。

⑤ じてん車《しゃ》に　のって、ともだちの　うち□いきました。

ハイクラス

じかん	ごうかくてん	とくてん
20ぷん	80てん	てん

〔　月　日〕

1 「は」か「へ」か「を」を□に 正《ただ》しく かきましょう。（32てん・一《ひと》つ4てん）

① 学校《がっこう》で□ きょうかしょ□ つかって べんきょうします。

② きょう□、休《やす》みで□ ありません。

③ えんぴつ□ つかって、じぶんの なまえ□ かきます。

④ はがき□ 出《だ》しに、ゆうびんきょく□ いきました。

---

2 つぎの 文《ぶん》で まちがって いる 字《じ》に ×を つけて、よこに 正しく かきなおしましょう。（24てん・一つ4てん）

① みかんお むくと、手《て》に みかんの にをいが つきます。

② にわにわ、きれいな 花《はな》お うえます。

③ わたしわ がいこくえ いった ことが あります。

3 つぎの 文しょうを よんで こたえましょう。

先生《せんせい》が、赤《あか》い いろがみと みどりの いろがみ（　　）、みんなに くばりました。

先生が、ききとりあそびの しかたを はなしました。

「みなさん。先生の いう ことを、□すまして よく ききましょう。先生の いった ことが まちがって いたら、赤い いろがみを 上《うえ》に あげなさい。先生の いった ことが 正しかったら、みどりの いろがみを 上に あげなさい。」（昭和四十九年度版東京書籍「新訂あたらしいこくご一下」）

(1) （　）に 「は」か 「へ」か 「を」を かきましょう。（4てん）

(2) みんなは なにを して あそんで いますか。文しょう中から ぬきだして かきましょう。（10てん）

（　　　　　　）

(3) いった ことが 正しい ときは、なんの いろがみを あげるのですか。（15てん）

（　　　　）の いろがみ

(4) □に 入《はい》る ことばを つくりましょう。□から 一つ かん字を えらび、「は」か「へ」か「を」を つけて、つくります。（15てん）

口《くち》 耳《みみ》 目《め》

（　　　　　　）

12 、。「 」を 正《ただ》しく つかう

〔 月 日〕

学習内容とねらい

句点（。）は文の終わり、読点（、）は意味の切れ目、かぎ（「 」）は会話の部分を表す符号です。正しく使って、読みやすい文や文章を書くようにしましょう。

標準クラス

1 つぎの 文《ぶん》しょうに 、（てん）を 一《ひと》つ つけましょう。

① 雨《あめ》が ふって いた。しかし ぼくは 出《で》かけた。

② 休《やす》みなので ハイキングに いった。

③ こんなに あついと あせが 出《で》る。

④ ねこの けは ほそくて やわらかい。

⑤ ぼくも はしったし おとうとも はしった。

2 つぎの 文に 「 」（かぎ）と 。（まる）を 一つずつ つけましょう。

① ぼくは、そうですと へんじを した。

② ともだちが いっしょに あそぼうよと ぼくを さそった。

③ 先生《せんせい》が、たんざくに ねがいごとを かいて くださいと いった。

④ あさ、おかあさんが、ちゃんと おきなさいと ぼくに いった。

3 つぎの 文しょうに 、と 。を 二《ふた》つずつ つけましょう。

① 犬《いぬ》の しっぽには たくさんの けが 生《は》えて います うれしい と それを 左右《さゆう》に ふります

② ペンギンは とりの なかまで すが うみで くらして います つめたい うみに もぐって さかなを とって くらして います

③ ねこの つめは ふだんは しまわれて います 木《き》に のぼる ときは かくれて いた つめを 出《だ》します

4 「 」の つけかたが まちがって いる 文に ×を つけましょう。

①（　）えきは 「どこですか。」と きかれたので、「むこうです。」と こたえました。

②（　）たろうくんは、「もう、うちに かえるよ。」と いいました。

③（　）「ぼくのを かして あげる。」と いって くれたので、わたしは 「ほっ。」と しました。

④（　）「おかあさん。」と よぶと、いま、「だいどころよ。」と へんじが ありました。

じかん	ごうかくてん	とくてん
20ぷん	80てん	てん

（　月　日）

1 つぎの 文《ぶん》しょうに 、（てん）を 二《ふた》つ 。（まる）を 三《みっ》つ つけましょう。（30てん・一《ひと》つ6てん）

　このあいだ　お
とうさんと　つり
に　いきました　
　ぼくは　なかな
か　つれませんで
した　かえる　こ
ろに　なって　や
っと　一《いっ》ぴき　つ
りあげました

2 つぎの 文に 、を 一つ つけましょう。（20てん・一つ4てん）

① こんどは みんなで キャンプに いきたいです。

② おなかが すいたので とだなの おやつを たべました。

③ ふゆに なると とうみんする どうぶつも います。

④ 先生《せんせい》が みんなに プリントを くばりました。

⑤ ないて しまわないように はを くいしばりました。

3 つぎの 文しょうを よんで こたえましょう。

きのう、いもうとの ゆき子《こ》が はじめて あるきました。りょう足《あし》を しっかりと のばして ロボットのように よっちよっちと あるきます。ころんでも 手《て》を しっかりと ふんばって、立《た》ち上《あ》がります。あらあら、ころんでも なかないのね。と、おかあさんは うれしそうに いいました。

はってん

(1) この 文しょうは、いくつの 文から できて いますか。すう字《じ》で こたえましょう。（10てん）

（　　）

(2) 、の ぬけて いる ところが 二つ あります。正《ただ》しく つけましょう。（20てん・一つ10てん）

(3) 「 」（かぎ）の ぬけて いる ところが あります。正しく つけましょう。（10てん）

(4) いもうとの あるく ようすを べつの ものに たとえて います。その ことばを ぬき出《だ》して かきましょう。（10てん）

（　　）

13 ことばを　つなぐ

（　月　日）

学習内容とねらい

多くの言葉は、その言葉と結び付きやすい言葉を持っています。言葉の結び付きを理解し、豊かな言葉の表現を身に付けていきましょう。

標準クラス

1 つぎの　ことばと □ の　ことばを　つなげて、一《ひと》つの　ことばを　つくりましょう。

① サッカー（　　　）

② こうつう（　　　）

③ しゅうごう（　　　）

④ メロン（　　　）

じかん　ボール　あんぜん　パン

2 上《うえ》と　下《した》の　ことばを　――で　つなげて、一つの　ことばを　つくりましょう。

①
つかい・　　・とばす
はじき・　　・こなす
とび・　　・まわる

②
たち・　　・おどる
まい・　　・ふさがる
ふり・　　・かざす

③
ぶ・　　・きれる
のぞき・　　・見《み》る
すり・　　・あつい

3 つぎの　ことばに　つながる　ことばを、□から　えらんで　かきましょう。

① 休《やす》み（　　　）
② 山《やま》（　　　）
③ 町《まち》（　　　）
④ なげ（　　　）
⑤ くみ（　　　）
⑥ おし（　　　）

じかん　あわせる　外《はず》れ
のぼり　あてる　すてる

4 つぎの　ことばに　つながる　ことばを、□から　えらんで　かきましょう。

① のどが（　　　）。
② うそを（　　　）。
③ 日《ひ》が（　　　）。
④ やくそくを（　　　）。
⑤ なみが（　　　）。
⑥ はらが（　　　）。

まもる　つく　かわく
よせる　くれる　へる

〔　月　日〕

じかん	ごうかくてん	とくてん
20ぷん	80てん	てん

ハイクラス

1 つぎの　ことばに　つながる　ことばを　えらんで、○を　つけましょう。（30てん・一《ひと》つ5てん）

① 水《みず》が（ながす・ながれる）。

② じどう車《しゃ》を（とめる・とまる）。

③ かたが（ぶつかる・ぶつける）。

④ にもつを（下《お》ろす・下りる）。

⑤ うでまえが（上《あ》げる・上がる）。

⑥ はが（生《は》える・生やす）。

2 つぎの　ことばに　つながる　ことばを、□から　えらんで　かきましょう。（30てん・一つ5てん）

① ボールを（　　）。

② くつの　ひもを（　　）。

③ ごはんを（　　）。

④ バットを（　　）。

⑤ ふくを（　　）。

⑥ 音《おん》がくを（　　）。

むすぶ　ふる　きく
なげる　たべる　きる

3 つぎの　文《ぶん》の（　）に　入《はい》る　ことばを、あとから　えらんで、かきましょう。（20てん・一つ4てん）

① おかあさんが　おこり（　　）たので、ぼくは　ふとんの　中《なか》ににげ（　　）ました。すると　中に　ねこが　いて、ぼくに　かみ（　　）ました。

こみ　つき　出《だ》し

② めんどうな　ことは、人《ひと》に（　　）つけたり　せずに、じぶんが（　　）うけなさい。

ひき　おし

4 つぎの　ことばに　□の　ことばを　つなげて、一《ひと》つの　ことばを　つくりましょう。（20てん・一つ4てん）

れい　はしる＋まわる（はしりまわる）

① ひろう（　　）

② とぶ（　　）

③ つむ（　　）

④ あらう（　　）

⑤ おる（　　）

とる　あつめる　まげる
ながす　下りる

14 かざりことば

〔　月　日〕

学習内容とねらい
修飾語（飾り言葉）は、様子や程度などについて、他の言葉を詳しく説明します。どの修飾語がどの言葉を説明しているのか、しっかり押さえるようにします。

標準クラス

1 つぎの　ようすを　あらわす　ことばは、なんの　ようすを　あらわして　いますか。きごうで　こたえましょう。

① ずるずる（　　）
② ぷんぷん（　　）
③ きらきら（　　）
④ すいすい（　　）
⑤ のしのし（　　）

ア おこって　いる。
イ ほしが　かがやく。
ウ にもつを　ひきずる。
エ プールを　およぐ。
オ ぞうが　あるく。

2 つぎの　ことばに　つながる　ことばを、□から　えらんで　かきましょう。

① ゆきのように（　　）
② たにのように（　　）
③ 夕日《ゆうひ》のように（　　）
④ 山《やま》のように（　　）
⑤ すみのように（　　）
⑥ おにのように（　　）

赤《あか》い　たかい　白《しろ》い
くろい　ふかい　こわい

3 〰〰の　ことばが　くわしく　せつめいして　いる　ことばを　かきましょう。

① にわに　きれいな　花《はな》が　さいて　いる。　（　　　）

② まい日《にち》　たいそうを　する。　（　　　）

③ ていねいに　手《て》を　あらう。　（　　　）

④ ゆっくり　うしろむきに　すすむ。　（　　　）

⑤ 赤い　ふくを　きた　女《おんな》の子《こ》。　（　　　）

---

4 ――の　ことばを　くわしく　せつめいして　いる　ことばを　かきましょう。

① 白い　くもが　ながれる。　（　　　）

② 川《かわ》に　大《おお》きな　さかなが　いる。　（　　　）

③ ぐんぐん　たこが　あがった。　（　　　）

④ 赤い　やねの　小《ちい》さな　いえ。　（　　　）

⑤ もくもくと　けむりが　上《あ》がる。　（　　　）

じかん	ごうかくてん	とくてん
20ぷん	80てん	てん

〔　月　日〕

1 (　)に 入《はい》る ことばを、□から えらんで かきましょう。(20てん・一《ひと》つ5てん)

① (　　　)山《やま》を のぼり きると、(　　　) 夕《ゆう》やけ の 空《そら》が ひろがって いた。

けわしい　きれいな

② (　　　) ふゆ には、(　　　) セーターが うれしい。

あたたかい　さむい

2 (　)に 入る ことばを、□から えらんで かきましょう。(40てん・一つ5てん)

① (　　　)と 雨《あめ》が ふる。

② (　　　)と 火《ひ》が もえる。

③ (　　　)と よく しゃべる。

④ (　　　)と さむさに ふるえる。

⑤ (　　　)と おゆが わく。

⑥ (　　　)と コップに 水《みず》を 入《い》れる。

⑦ (　　　)と 糸《いと》が ほどける。

⑧ (　　　)と こまが まわる。

ぐらぐら　しとしと　めらめら
ぶるぶる　するする　なみなみ
ぺらぺら　くるくる

はってん **3** （　）に 入る ことばを、□から えらんで かきましょう。（40てん・一つ4てん）

きのうは、（①　　）天気《てんき》でした。ぼくは、おねえさんと ハイキングに いきました。すこし （②　　） 山でしたが、足《あし》どりも （③　　） のぼる ことが できました。

のぼって いる とちゅうの みちばたに、（④　　） 花《はな》が さいて いたので、おねえさんは （⑤　　） ながめて いました。

（⑥　　） ちょう上《じょう》が 見《み》えて きたので、二人《ふたり》で きょうそうを する ように のぼりました。おねえさんは ぼくより （⑦　　） にもつを もって いたので、（⑧　　） はやく のぼれませんでした。ぼくは おねえさんより （⑨　　）だけ 早《はや》く ちょう上に つきました。

ちょう上で たべる おにぎりは、（⑩　　）と おもいました。

おいしい　たかい　かるく
うっとり　あまり　すこし
やっと　よい　きれいな
おもい

15 こそあどことば

（　月　日）

学習内容とねらい

文章の内容を正確に理解するために、指示語（こそあど言葉）の指している事柄を、きちんとおさえるようにしましょう。

標準クラス

1 つぎの 文《ぶん》しょうには、こそあどことばが 三《みっ》つ あります。それを ○で かこみましょう。

「三《さん》だん目《め》に 見《み》えてる、あの 赤《あか》い ひょうしの 本《ほん》を とって。」

ぼくは、たなから その ひょうしの本を とると、

「これの ことかい。」

と ききかえした。

2 つぎの 文の こそあどことばの よこに ——を ひきましょう。

① それを とって ください。

② きょう中《じゅう》に、ここまで すませないと いけない。

③ この 中《なか》で、どれが あなたの このみですか。

④ なんど 見くらべても、それと これの ちがいが わからない。

⑤ へやの むこうから きこえる あの こえは、きっと おとうと の こえだ。

3 ——の こそあどことばは、なにを あらわして いますか。あとから えらんで、きごうで こたえましょう。

① あっちから はしって くるのは だれですか。（　　）

② おばあちゃんの いえは、ここから ずいぶん はなれて いる。（　　）

③ その 名《な》まえは、たしか まえに きいたような 気《き》が する。（　　）

④ こんなに うまく いくとは、おもわなかった（　　）

⑤ あんな ことを いわない ほうが よかった。（　　）

ア ばしょ　イ ほうこう
ウ ようす　エ ものごと

4 （　）に 入《はい》る ことばを、□から えらんで かきましょう。

① （　　） くもは、どこから きたのだろう。

② ぼくの 手《て》もとに のこったのは、（　　）だけです。

③ きょうの えんそくは、（　　）へ いくんですか。

④ （　　） でん車《しゃ》に のれば いいのか、わからない。

⑤ きみが （　　） いうから、しんじきって いたよ。

あの	どこ	これ
どの	そう	

ハイクラス

じかん	ごうかくてん	とくてん
20ぷん	80てん	てん

〔 月 日〕

1 つぎの 文《ぶん》の こそあどことばの よこに ――を ひきましょう。（15てん・一《ひと》つ3てん）

① いま そっちまで いくから、ちょっと まっててよ。

② 日本《にほん》の チームが かったので、あちらでも こちらでも かんせいが あがった。

③ この しゅるいの さるは、ながい しっぽを もって います。それを えだに まきつけて、からだを ささえます。

2 （ ）に 入《はい》る ことばを、□から えらんで かきましょう。（25てん・一つ5てん）

① この 三《さん》しゅるいの あめの 中《なか》で、（　　）が すきですか。

② まえに （　　）へ きた ことが あります。

③ このまえ わたしが あげた 本《ほん》を （　　）へ しまったの。

④ （　　）すれば よかったと、あとで はんせいした。

⑤ （　　）川《かわ》で およいで みたい。

どこ　ああ　ここ　どれ　あの

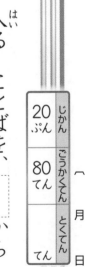

3 つぎの 文しょうの 中に、こそあどことばは いくつ ありますか。すう字《じ》で こたえましょう。(30てん)

「ほら、あそこに あぶくが 見《み》えるだろう。」
あにが 水《すい》めんを さして いいました。
「あれは なあに。」
わたしは あにに たずねました。
「かめの はいた いきさ。」
と あには とくいそうな かおで いいました。わたしは、まえに かって いた かめの ことを おもい出《だ》しました。その かめは いつのまにか にげて しまったのです。

（　　）

はってん

4 ——の こそあどことばが さして いる ことばを かきましょう。(30てん・一つ10てん)

① 草《くさ》むらから 小《ちい》さな 音《おと》が きこえます。あれは、すず虫《むし》の なきごえです。

（　　）

② この みちを まっすぐ いくと、大《おお》きな 山《やま》が 見えて きます。それが、えん足《そく》の 目《もく》てきちです。

（　　）

③ ははが、手《て》ぶくろを あんで くれました。これを つけて いると、手が つめたく なりません。

（　　）

チャレンジテスト⑤

〔　月　日〕

じかん	ごうかくてん	とくてん
20ぷん	80てん	てん

1 ～～の ことばが くわしく せつめいして いる ことばを かきましょう。（20てん・一《ひと》つ4てん）

① ねこが あわてて にげました。（　　）

② よく あがる たこを つくる。（　　）

③ とくべつな しくみの こま。（　　）

④ 大《おお》ぜいの 人《ひと》が 力《ちから》を あわせる。（　　）

⑤ いえに たぬきが まいばん きます。（　　）

2 つぎの 文《ぶん》しょうに 、（てん）を 二《ふた》つ、。（まる）を 三《みっ》つ つけましょう。（20てん・一つ4てん）

とけいは、とても 小《ちい》さな ぶひんで つくられて います むかしは、ふりこや ぜんまいの 力で はりを うごかして いました しかし 小さな でんちや モーターが つくられるように なると とけいは でん気《き》の 力で うごくように なりました

3 つぎの　ことばに　つながる　ことばを、□から　えらんで　かきましょう。（30てん・一つ5てん）

① あなを（　　　　）。
② かげが（　　　　）。
③ あいずを（　　　　）。
④ のどが（　　　　）。
⑤ てつぼうを（　　　　）。
⑥ いきを（　　　　）。

すう　おくる　にぎる
うつる　かわく　ほる

---

4 つぎの　文に　「は」「へ」「を」を　つけて、正《ただ》しい　文に　かきなおしましょう。（30てん・一つ10てん）

① わたし　ほっと　むね　なで下《お》ろしました。

（　　　　）

② こうえん　いって、ぼく　かみひこうき　とばしました。

（　　　　）

③ かいだん　下りて、うみの　ほう　あるいて　いくと、いえに　つきます。

（　　　　）

チャレンジテスト⑥

（　月　日）

じかん	ごうかくてん	とくてん
20ぷん	80てん	てん

1 「は」「へ」「を」の　どれかを　□に　正《ただ》しく　入《い》れましょう。（20てん・一《ひと》つ2てん）

① はは□、いもうと□　つれて、こうえん□　いきました。

② ぼく□　ともだちの　うち□、本《ほん》□　かえしに　いきました。

③ いもうと□、へやで　テレビ□　見《み》て　います。

④ こうえん□　いって、おにごっこ□　しました。

2 はってん　□の　ことばを　つなげて、一つの　ことばを　つくりましょう。（30てん・一つ6てん）

れい　こころ＋ほそい（こころぼそい）

① 山《やま》　（　　　）

② もの　（　　　）

③ 早《はや》い　（　　　）

④ ながれる　（　　　）

⑤ ながい　（　　　）

ひく　しる　おきる
こむ　のぼる

3 はってん

つぎの　文《ぶん》しょうの　中《なか》から　こそあどことばを　二《ふた》つ　さがして、よこに——を　ひきましょう。また、それぞれが　さして　いる　ことばを　かきましょう。（20てん・一つ10てん）

おおくの　こん虫《ちゅう》は、あたまから　ひげのように　のびた、しょっかくを　もって　います。それを　つかって、ものに　ふれた　かんかくや　においの　かんかくを　うけとります。これを　もとに、えさを　見つけたり、てきから　みを　まもったり　する　ことが　できます。

一つ目《め》が　さして　いる　ことば

（　　　　　）

二《ふた》つ目が　さして　いる　ことば

（　　　　　）

4

～～の　ことばが　くわしく　せつめいして　いる　ことばの　よこに、——を　ひきましょう。（30てん・一つ6てん）

① ぼくは、いちばんに　きょうしつを　とび出《だ》しました。

② ドシンと、おもい　にもつが　たなから　おちました。

③ かべに　ぶつかった　ねこは、よろよろと　あるき出しました。

④ ちこくの　ことで、くりかえし　先生《せんせい》に　ちゅういされました。

⑤ 赤《あか》く　たわわに　みのった　トマトを　たべました。

16 生《せい》かつ文《ぶん》を　よむ

〔　月　日〕

学習内容とねらい

教科書などのお手本となる文で、読む力をつけていきます。また、「いつ」「どこで」「誰が」など、書かれている内容を正しく読み取るようにします。

標準クラス

1 つぎの　はりがみを　よんで　こたえましょう。

八月一日《はちがつついたち》に　おまつりを　します。
ばしょは、こうえんです。
じかんは、六《ろく》じからです。

(1) 八月一日に　あるのは、どんなことですか。
（　　　　）

(2) (1)の　ことは　どこで　するのですか。
（　　　　）

2 つぎの　文《ぶん》しょうを　よんで　こたえましょう。

ぼくは　おとうさんと　はくぶつかんに　いきました。きょうりゅうの　ほねが　かざって　ありました。ぼくは　ほねの　大《おお》きさに　びっくりしました。
スケッチブックを　もって　きていたので、ほねの　えを　かきました。大きさが　わかるように、人《ひと》の　えを　よこに　かきました。

(1) ぼくが　いったのは　どこですか。
（　　　　）

(2) かざって あったのは なんで すか。
（　　）

(3) ぼくが おどろいたのは どんな ことですか。
（　　）

(4) きょうりゅうの ほねの えを かく ときに ちゅういしたのは、どんな ことですか。きごうで こたえましょう。
ア なるべく いろを たくさん つかった。
イ 大きさが わかるように かいた。
ウ がようし いっぱいに 大きく かいた。
（　　）

---

3 つぎの ちゅういがきを よんで こたえましょう。

> こうえんで あそぶ 人へ
> 花火《はなび》は しては いけません。
> じゅんばんは まもりましょう。
> ごみは もって かえって ください。

(1) しては いけない あそびは なんですか。
（　　）

(2) ごみが 出《で》たら どうするのですか。
（　　）

(3) ぜんぶで いくつの ちゅういが かかれて いますか。すうじで こたえましょう。
（　　）

じかん	ごうかくてん	とくてん
20ぷん	80てん	てん

（　月　日）

1 つぎの　おしらせを　よんで　こたえましょう。

はるの　えんそく

ちかくの　山《やま》で、やさいとりを　します。おべんとうと　水《すい》とうを　もって　きて　ください。

ふくそうは、ながぐつと　ぼうしです。ぐん手《て》と　タオルと　雨《あま》ガッパも　もって　きて　ください。

もし　とちゅうで　雨《あめ》が　ふったら、雨ガッパを　きて　あるきます。

(1) えんそくは　どこで　しますか。（10てん）

（　　　　）

(2) えんそくでは　なにを　しますか。（10てん）

（　　　　）

(3) もって　くる　ものを　五《いつ》つ　かきましょう。（10てん・一《ひと》つ2てん）

（　　）（　　）（　　）（　　）（　　）

(4) 雨ガッパは　なんの　ために　もって　いくのですか。（10てん）

（　　　　）

2 つぎの 文《ぶん》しょうを よんで こたえましょう。（60てん・一つ10てん）

きょうは クラスで クリスマスかいの じゅんびを しました。

先生《せんせい》が 大《おお》きな 木《き》を きょうしつに もって きて、きょうしつの うしろに おきました。

男《おとこ》の子《こ》は おりがみを ほしの かたちに きって かざり、女《おんな》の子は わたを ゆきに して かざりました。

かざりつけが おわったら、くつ下《した》の かたちに きった かみに、ねがいごとを かきました。

(1) みんなで なにを しましたか。

（　　　　）

(2) 先生が もって きたのは なんですか。

（　　　　）

(3) 男の子の かざりは なんですか。

（　　　　）

(4) ゆきは なにを つかって つくりましたか。

（　　　　）

(5) ねがいごとは どこに かきましたか。

（　　　　）

(6) クリスマスの かざりの 木は、どこに おいて ありますか。

（　　　　）

17 手《て》がみ・にっきを　よむ

〔　月　日〕

学習内容とねらい　生活の中でふれる手紙や日記を読みます。手紙では、書き手が何を伝えようとしているかを読み取りましょう。

標準クラス

1 つぎの　手《て》がみを　よんで　こたえましょう。

おじいちゃんへ

この　まえの　たんじょう日《び》に、りっぱな　ずかんを　おくって　くださって　ありがとうございました。

いろいろな　てつどうの　しゃしんが　のって　いて、まい日《にち》　むちゅうで　よんで　います。

こんど　あった　ときに、ぼくの　のった　でん車《しゃ》の　はなしを　したいと　おもいます。

また　うちに　きて　ください。

かずお

(1) だれから　だれに　かいた　手がみですか。

（　　　）から（　　　）に

(2) ぼくが　もらった　ものは　なんですか。

（　　　）

(3) この　手がみで　いちばん　つたえたかった　ことは、なんですか。きごうで　こたえましょう。

ア ずかんを　もらった　おれい。

イ てつどうが　すきな　こと。

ウ　また　あそびに　きて　ほしい　こと。
（　　）

2　つぎの　にっきを　よんで　こたえましょう。

六月一日《ろくがつついたち》（日よう日《び》）
きょうは、一日中《いちにちじゅう》　いい　天気《てんき》だったので、おかあさんと　せんたくを　しました。ぼくは、せんたくものを　ベランダまで　はこぶ　おてつだいを　しました。おかあさんは、「　　　ね。」と　いって　くれました。

(1)　これは　いつの　にっきですか。
（　　）

(2)　ぼくが　した　おてつだいは、なんですか。くわしく　かきましょう。
（　　）

(3)　「おかあさんと　せんたくを　しました」と　ありますが、その　りゆうを　つぎから　えらんで、きごうで　こたえましょう。
ア　六月一日だから。
イ　せんたくものが　おおかったから。
ウ　一日中　よい　天気だったから。
エ　「ぼく」が　おてつだいを　したいと　いったから。
（　　）

(4)　　　に　入《はい》る　ことばを　つぎから　えらんで、きごうで　こたえましょう。
ア　いじわる　イ　おおげさ　ウ　えらい
（　　）

ハイクラス

じかん	ごうかくてん	とくてん
20ぷん	80てん	てん

〔　月　日〕

1 つぎの 手《て》がみを よんで こたえましょう。

おばあちゃんへ
九月二十日《くがつはつか》の 日《にち》よう日《び》に、学校《がっこう》で えんそうかいが あります。はじまるのは 九じです。おわるのは 十一《じゅういち》じです。
ぼくは シンバルを たたきます。いい えんそうが できるように まい日 れんしゅうして います。
たのしい えんそうかいに なるように、いっしょうけんめい がんばって いますので、ぜひ 見《み》に きて ください。
まさる

(1) この 手がみで いちばん つたえたかった ことは、なんですか。きごうで こたえましょう。（15てん）

ア シンバルの おもしろさ。
イ えんそうかいに きて ほしい こと。
ウ まい日 れんしゅうを して いる こと。

（　　）

(2) えんそうかいは、いつの なんじに はじまりますか。（20てん・一《ひと》つ10てん）

いつ（　　）
なんじ（　　）

(3) ぼくは　どんな　がっきを　えんそうしますか。(15てん)

（　　　　　　　　）

2 つぎの　にっきを　よんで　こたえましょう。

七月六日《しちがつむいか》　金《きん》よう日　雨《あめ》

きょう、ひるごろから、きゅうに　雨が　ふって　きました。かさを　もって　こなかったので、こまったなと　おもいました。

みんなと　さようならを　して、くつばこの　ところに　いったら、白《しろ》い　ながぐつと　赤《あか》い　かさが　ありました。あれっと　おもいました。よく　見ると、やっぱり　わたしの　もの　でした。おかあさんが　とどけて　くれたんだなと　おもいました。

(1) 雨が　ふり出《だ》したのは　いつごろですか。(15てん)

（　　　　　　）

(2) わたしが　こまったのは　どうしてですか。(15てん)

（　　　　　　　　　　）

はってん

(3) この　にっきに　だいを　つけます。おかあさんの　やさしさが　よく　わかる　だいに　なるように、（　）に　入《はい》る　ことばを　かきましょう。(20てん)

（　　　　　　　　）

ながぐつと　かさ

チャレンジテスト ⑦

じかん	ごうかくてん	とくてん
20ぷん	80てん	てん

〔 月 日〕

1 つぎの 文《ぶん》しょうを よんで こたえましょう。

わたしは まい日《にち》 いえの おてつだいを して います。それは、ふとんしきと、せんたくたたみです。

いまは さむくて、たくさん ふとんを しかないと いけないので、①じかんが かかります。

せんたくたたみは、②だいすきな おてつだいです。それは、あらいたての タオルは ふかふかで、きもちが いいからです。

それから、ときどき、おさらあらいと しんぶんとりの おてつだいも して います。おかあさんが 「ありがとう。」と いって くれるので、もっと いろいろな おてつだいを したいです。

(1) 「わたし」が して いる おてつだいを すべて かきましょう。(20てん)

（　　　　　　　　）

(2) ——①と ありますが、それは どうしてですか。(15てん)

（　　　　　　　　）

(3) ——②と ありますが、その りゆうが かかれて いる ところに ——を ひきましょう。(10てん)

(4) おてつだいの　ことを　どう　おもって　いますか。きごうで　こたえましょう。(10てん)

ア　じかんが　かかって　いやだなあ。

イ　もっと　ほめて　ほしいなあ。

ウ　もっと　おてつだいを　したいなあ。

（　　）

2 つぎの　手《て》がみを　よんで　こたえましょう。

あきらくんへ

げん気《き》ですか。あたらしい　学校《がっこう》では　ともだちは　できましたか。

なつ休《やす》みに　なったら　おおさかに　りょこうに　いくので、ぜひ　あいたいです。おおさかの　たのしい　ばしょを　あんないして　ください。また、学校の　はなしも　きかせて　ください。

ひろき

(1) だれから　だれに　かいた　手がみですか。(10てん・一《ひと》つ5てん)

（　　）から（　　）に

(2) あきらくんは、いま　どこに　すんで　いますか。(15てん)

（　　）

(3) あきらくんと　あって　したい　と　おもって　いる　ことを　二《ふた》つ　かきましょう。(20てん・一つ10てん)

（　　）

（　　）

（　月　日）

18 せつめい文《ぶん》を よむ ①

学習内容とねらい
まず書かれている話題をとらえ、そこから細部へと読み取りを深めていきます。物事の説明と筆者の意見を区別して読み取ることも大切です。

標準クラス

1 つぎの 文《ぶん》しょうを よんで こたえましょう。

バスは、大《おお》ぜいの 人《ひと》を はこぶ じどう車《しゃ》です。

バスには、ざせきが たくさん あります。また、立《た》って いる 人が たおれない ように、つりかわや 手《て》すりも ついて います。

おきゃくを のせて、（　　） じこくに、（　　） みちを はしります。

（「はたらく じどう車」 平成元年度版教育出版「改訂しょうがくこくご二下」）

(1) バスは どんな はたらきを して いますか。

（　　　　　　　　）

(2) 立って いる 人の ために ついて いるのは、どんな ものですか。

（　　　　　　　　）

(3) （　）には おなじ ことばが 入《はい》ります。その ことばを つぎから えらんで、きごうで こたえましょう。

ア きまった　**イ** はやい　**ウ** ひろがった

（　　）

2 つぎの　文しょうを　よんで　こたえましょう。

かみには　字《じ》を　かく　ことが　できるので、しんぶんや　本《ほん》を　つくる　ときに　つかいます。また、おりたたむ　ことも　かんたんで、お金《かね》にも　つかわれて　います。

しかし、かみは　やぶれたり　もえたり　しやすいので、かみで　できた　ものは　だいじに　つかわなくては　いけません。

ただし、さいきんでは　水《みず》に　つよい　かみも　つくられて　います。

(1)　この　文しょうは、なにに　ついて　かかれて　いますか。

（　　　　）

(2)　かみは　どんな　ものに　つかわれて　いますか。三《みっ》つ　こたえましょう。

（　　　　）（　　　　）（　　　　）

(3)　かみを　だいじに　つかわないと　いけないのは　なぜですか。

（　　　　）

(4)　「水に　つよい」とは、どう　いう　ことですか。きごうで　こたえましょう。

ア　水に　とけやすい。

イ　水に　ぬれても　やぶれにくい。

ウ　水で　かんたんに　やわらかく　なる。

（　　　　）

じかん	ごうかくてん	とくてん
20ぷん	80てん	てん

（　月　日）

1 つぎの 文《ぶん》しょうを よんで こたえましょう。

むかしから、人々《ひとびと》は、川《かわ》を わたるために、いろいろな はしを くふうして つくって きました。いまでは、はしに よって、うみを わたる こともできるように なりました。むかしからいままで、どんな はしが つくられてきたのでしょうか。

いちばん かんたんな はしは、大《おお》きな 木《き》を きって きて、それを そのまま 川にわたした ものです。①まる木ばしと いいます。②せまい 川の ばあいは、たいらな 石《いし》をわたす ことも ありました。

でも、川の はばが ひろくて、石も木も とどかない ばあいは こまります。そんな ときは、どう したのでしょうか。

まず、さいしょに、川の 中《なか》に、木や石で だいを いくつか つくります。つぎに、きしと だい、だいと だいの あいだを、木や 石で つなぎます。こう して、はしが できあがるのです。

（「はしの はなし」 平成八年度版大阪書籍「小学こくご二下」）

(1) この 文しょうは、なにに ついて かかれて いますか。（15てん）

（　　　　　　）

(2) ——①「まる木ばし」と ありますが、なにで つくられて いますか。(20てん)

(   )

(3) ——②「せまい」と はんたいの いみの ことばを、こたえましょう。(15てん)

(   )

(4) つぎの 文の うち、この 文しょうと あって いる ものを すべて えらんで、きごうで こたえましょう。(20てん)

ア はしで わたれる ものは 川だけで ある。

イ せまい 川なら 石でも はしに なる。

ウ 大きな 木なら そのままで はしに なる。

エ 木も 石も とどかない ひろい 川には、はしを つくる ことが できない。

(   )

(5) ひろい 川に はしを わたす ほうほうを、つぎのように せつめいします。(   )に 入《はい》る ことばを かきましょう。(30てん・一《ひと》つ15てん)

・まず、川の 中に (   )を つくって、つぎに (   )を 木や 石で つなぐ。

（　月　日）

19 せつめい文《ぶん》を　よむ ②

学習内容とねらい
キーワードをとらえて、要点をまとめる練習をします。記述問題の基本になるので、言葉のつながりを意識して答えるようにしましょう。

標準クラス

1 つぎの　文《ぶん》しょうを　よんで　こたえましょう。

「山《やま》」と　いう　かん字《じ》は、山の　かたちを　もとに　つくった　ものです。だから、「山」と　いう　かん字は、「やま」の　ことを　あらわし、一《ひと》つで　「やま」と　よみます。

「川《かわ》」と　いう　（①）も、（②）の　かたちを　もとに　つくった　ものです。だから、「（③）」と　いう　かん字は、「（④）」の　ことを　あらわし、一つで　「かわ」と　よみます。

「木《き》」と　いう　かん字も、木の　かたちを　もとに　つくった　ものです。

（「おもしろい　かん字」　平成十四年度版日本書籍「わたしたちのしょうがくこくご二下」）

(1)　（①）〜（④）に　入《はい》る　ことばを　かきましょう。

①（　　　　）　②（　　　　）

③（　　　　）　④（　　　　）

(2)　この　文しょうは　なにに　ついて　かかれた　ものですか。「かん字」「かたち」の　二《ふた》つの　ことばを　つかって　かきましょう。

（　　　　　　　　　　）

2 つぎの 文しょうを よんで こたえましょう。

かん字と かん字を くみあわせて つくった かん字も あります。

木が たくさん ある 「はやし」の ようすを あらわす ために、「木」を ならべて （①）の かん字が できました。

木が もっと たくさん ある 「もり」の ようすを あらわす ために、「木」を 三《みっ》つ かさねて 「（②）」の かん字が できました。

（「おもしろい かん字」 平成十四年度版日本書籍「わたしたちのしょうがくこくご二下」）

(1) （①）と （②）に 入る かん字を かきましょう。

① ［　］　② ［　］

(2) つぎの 中《なか》で 正《ただ》しい ものを えらんで、きごうで こたえましょう。

ア どんな かん字でも くみあわせる ことが できる。

イ おなじ 字は どれでも くみあわせる ことが できる。

ウ かん字を くみあわせると あたらしい かん字に なる。

（　）

(3) この 文しょうは なにに ついて かかれた ものですか。「〜こと。」で おわるように かきましょう。

（　）

ハイクラス

じかん	ごうかくてん	とくてん
25ふん	75てん	てん

〔 月 日〕

1 つぎの 文《ぶん》しょうを よんで こたえましょう。

しんごうの 「赤《あか》」は 「とまれ」を あらわして います。「青《あお》(みどり)」は、「すすめ」を あらわして います。そして、「きいろ」は、「ちゅうい」を あらわして います。(**ア**)

しんごうの いろが、ことばの かわりに なって、「とまれ」「すすめ」「ちゅうい」と いう ことを あらわして います。(**イ**)

おうだんほどうの 白《しろ》い しまは、「みちを わたる とき、人《ひと》は この しまの ところを あるきなさい。」と いう ことを あらわして います。

(**ウ**)

白い しまが、ことばの かわりに なって、「ここを あるきなさい。」と いう ことを あらわして います。

(**エ**)

ものごとを 人に つたえる とき、ことばは たいへん やくに たって います。(**オ**)

よるに なると、たかい たてものの てっぺんで、赤い ランプが ついたり きえたり して います。あれは、「ここに たかい たてものが あるよ。」と いう ことを あらわして いるのです。(**カ**)

(「ことばの かわりを する もの」
平成元年度版大阪書籍「小学こくご二下」)

(1) しんごうの それぞれの いろは、どんな ことばの かわりですか。(15てん・一《ひと》つ5てん)

赤（　　　　）　青（　　　　）

きいろ（　　　　）

(2) おうだんほどうには、どんな しるしが かかれて いますか。(10てん)

（　　　　）

(3) (2)の しるしは、どんな ことばの かわりですか。(15てん)

（　　　　）

(4) ことばは どのような ときに やくだちますか。(15てん)

（　　　　）

(5) この 文しょうの 中《なか》で ことばの かわりを して いる ものを 三《みっ》つ かきましょう。(30てん・一つ10てん)

（　　　　）

（　　　　）

（　　　　）

はってん

(6) つぎの 文は この 文しょうの どこに 入《い》れると いいですか。きごうで こたえましょう。(15てん)

でも、わたしたちの まわりには、ことばの ほかに、ものごとを 人に つたえる ものが たくさん あります。

（　　　　）

チャレンジテスト ⑧

じかん 20ぷん　ごうかくてん 80てん　とくてん　てん

（　月　日）

1 つぎの　文《ぶん》しょうを　よんで　こたえましょう。

たこには、いろいろな　かたちの　ものが　あります。

よく　見《み》かけるのは、四《し》かくの　たこです。

その　ほか、六《ろっ》かくの　たこや、ひしがたの　たこも　あります。

えの　かいて　ある　たこを、えだこと　いいます。字《じ》の　かいて　ある　たこを　字だこと　いいます。

また、やっこだこ、せみだこ、とんびだこなど、□　かたちの　たこもあります。

中《なか》には、ひこうきだこ、はこだこ、むかでだこなど、とくべつな　くみ立《た》てのたこも　あります。むかでだこは、空《そら》にあげると、ながい　からだを　くねらせて、まるで　生《い》きて　いるように　見えます。

（「たこ」　昭和五十二年度版光村図書「しょうがくしんこくご二年下」）

(1) 「えだこ」、「字だこ」とは、それぞれ　どんな　たこですか。（20てん・一《ひと》つ10てん）

えだこ
（　　　　）

字だこ
（　　　　）

(2) □に　入《はい》る　ことばは　なんですか。きごうで　こたえまし

ょう。（15てん）

ア ふしぎな　イ ふつうの

ウ かわった

（　　）

(3) 「生きて　いるように　見えます」と　ありますが、それは　なぜですか。（20てん）

（　　）

(4) この　文しょうは　なにに　ついて　かかれて　いますか。きごうで　こたえましょう。（15てん）

ア いろいろな　かたちの　たこ。

イ たこの　つくりかた。

ウ むかでだこの　ふしぎ。

（　　）

2 つぎの　文しょうを　よんで　こたえましょう。（30てん・一つ15てん）

こまには　いろいろな　かたちの　こまが　あります。中には、□　ものを　つかった　ものも　あります。どんぐりごまは、森《もり》に　おちて　いる　どんぐりに　あなを　あけて　つまようじを　しんぼうに　して　つくります。

(1) □に　入る　ことばを、つぎから　えらんで　きごうで　こたえましょう。

ア めずらしい　イ たいせつな

ウ みぢかな

（　　）

(2) つまようじは　なんの　ために　つかいますか。

（　　）

20 おはなしを よむ ①

〔　月　日〕

学習内容とねらい
物語文では、登場人物と場面を押さえることが大切です。特に登場人物の行動の理由を、物語の展開や会話文などから読み取るようにしましょう。

標準クラス

1 つぎの 文《ぶん》しょうを よんで こたえましょう。

むかし、ある 山《やま》おくに、きこりの ふうふが すんで いました。山おくの 一《いっ》けんやなので、まいばんのように たぬきが やって きて、いたずらを しました。そこで、きこりは ①わなを しかけました。

ある 月《つき》の きれいな ばんの こと、おかみさんは、糸車《いとぐるま》を まわして、糸を つむいで いました。

キーカラカラ　キーカラカラ

キークルクル　キークルクル

ふと 気《き》が つくと、やぶれしょうじの あなから、二《ふた》つの くりくりした 目玉《めだま》が、こちらを のぞいて いました。

糸車が キークルクルと まわるに つれて、二つの □も、くるりくるりと まわりました。そして、月の あかるい しょうじに、糸車を まわす まねを する たぬきの かげが うつりました。

おかみさんは、おもわず ②ふき出《だ》しそうに なりましたが、だまって 糸車を まわして いました。

それからと いうもの、たぬきは、ま

いばん　まいばん　やって　きて、糸車を　まわす　まねを　くりかえしました。

（きし　なみ「たぬきの　糸車」）

(1) きこりの　ふうふが　すんで　いたのは　どこですか。

（　　　　）

(2) ——①と　ありますが、きこりが　わなを　しかけたのは　どうしてですか。

（　　　　）

(3) おかみさんは　なにを　して　いましたか。

（　　　　）

(4) (3)のとき、たぬきは　なにを　して　いましたか。

（　　　　）

(5) □には　どんな　ことばが　入《はい》りますか。文中《ぶんちゅう》から　さがして　かきましょう。

（　　　　）

(6) ——②と　ありますが、おかみさんが　ふき出しそうに　なったのは　なぜだと　おもいますか。かんがえて　かきましょう。

（　　　　）

じかん	ごうかくてん	とくてん
20ぷん	80てん	てん

〔　月　日〕

1 つぎの 文《ぶん》しょうを よんで こたえましょう。

村《むら》はずれの みちの そばに、大《おお》きな かしの 木《き》が 一本《いっぽん》 立《た》って いました。

あきに なって、ことしも どんぐりが たくさん なりました。やがて、つめたい かぜが ふきはじめると、どんぐりは、［①］と じめんに おちて いきました。そして、あそびに きた 子《こ》どもたちに ひろわれて いきました。

ところが、まだ、たった 一《ひと》つだけ、たかい えだの 先《さき》に のこって いる どんぐりが ありました。

「どんぐりさん。どうして いつまでも のこって いるの。きみの ともだちは、みんな、［②］と いっしょに あそんで いるよ。」

と、とんで きた 一《いち》わの 小《こ》とりが いいました。

「だって、あんまり たかいから、こわくて おりられないんだよ。」

と、どんぐりは、小《ちい》さな こえで こたえました。

（かしば いさむ「げんちゃんと どんぐり」昭和四十九年度版東京書籍「新訂あたらしいこくご 一下」）

(1) かしの 木は どこに ありますか。（20てん）

（　　　　）の（　　　　）

(2) ［①］に 入《はい》る ことばを つぎ

から　えらんで、きごうで　こたえましょう。(10てん)

ア ばらばら　**イ** ころころ

ウ ひらひら　**エ** とんとん

（　　）

(3) じめんに　おちた　どんぐりは、どう　なりましたか。(20てん)

（　　　　）子どもたちに（　　　　）いった。

(4) のこって　いた　どんぐりは　どこに　いるのですか。(20てん)

（　　　　）

(5) ② に　入る　ことばを　五《ご》字《じ》で　かきましょう。(10てん)

□□□□□

(6) のこって　いた　どんぐりに　はなしかけたのは、だれですか。(10てん)

（　　　　）

(7) どんぐりが　のこって　いるのは　どうしてですか。つぎから　えらんで、きごうで　こたえましょう。(10てん)

ア じめんは　さむいから。

イ 子どもが　きらいだから。

ウ たかいので　こわいから。

エ 小とりに　たべられるから。

（　　）

21 おはなしを よむ ②

〔 月 日〕

学習内容とねらい

物語文を読むときは、登場人物の心情と、その時のしぐさや行動との結びつきに注意します。心情の表れている描写を、正確に読み取れるようにしましょう。

標準クラス

1 つぎの 文《ぶん》しょうを よんで こたえましょう。

王《おう》さまの へやの まどの 上《うえ》に、ことしも つばめが やって きました。

つばめは、いっしょうけんめい すを つくりなおして います。

王さまは 気《き》に なります。ときどき、そっと のぞいたり します。

「もう できたかな。」

と べんきょうの じかんに なっても、よそ見《み》ばかり して います。

先生《せんせい》が、

「すを こわして しまいますよ。」

と いいました。

「だめだ。いかん。ぜったいに こわしちゃ だめだぞ。」

「では、もっと □ べんきょう しなさい。」

と いう ぐあいでした。

（ ① ）は、（ ② ）を うみました。

やがて、（ ③ ）が かえりました。

「ピーピー、チーチー。」

おやつばめが えさを もって くると、やかましい こと、やかましいこと。

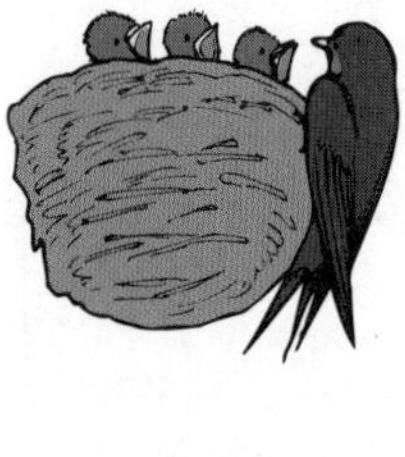

（てらむら てるお「王さま 出《で》かけましょう」）

(1) つばめが　きたのは　どこですか。

（　　　　）

(2) つばめは　なにを　して　いますか。

（　　　　）

(3) 王さまが　よそ見を　して　いるのは　どうしてですか。

（　　　　）

(4) 先生が「すを　こわして　しまいますよ。」と　いったのは、どうしてですか。つぎから　えらんで、きごうで　こたえましょう。

ア 先生は　つばめが　きらいだから。

イ 王さまが　べんきょうしないから。

ウ べんきょうの　じかんに　なったから。

（　　　　）

(5) [　　] に　入《はい》る　ことばを　つぎから　えらんで、きごうで　こたえましょう。

ア ゆっくり　イ はやく

ウ しっかり

（　　　　）

(6) （①）～（③）に　入る　ことばを　つぎから　えらんで、きごうで　こたえましょう。

ア たまご　イ ひな

ウ つばめ

①（　　）②（　　）③（　　）

ハイクラス

じかん	ごうかくてん	とくてん
20ぷん	80てん	てん

（　月　日）

1 つぎの 文《ぶん》しょうを よんで こたえましょう。

クロは ぼくの 犬《いぬ》。
もう ずいぶん 年《とし》を とって いるけれど、ぼくの うちの だいじな 犬。
まいあさ おじいちゃんと いっしょに、ぼくを ようちえんまで おくってきて くれるんだ。
クロは、お父《とう》さんが 六年生《ろくねんせい》の とき、こうえんから ひろって きた。
生《う》まれたばかりの クロは、小《ちい》さなはこに 入《い》れられて、つつじの 木《き》の下《した》に おいて あったんだって。
その 日《ひ》が、お父さんの たん生日《じょうび》だったから、クロも、その 日を たん生日に して、たん生日は、お父さんといっしょ、五月二十五日《ごがつにじゅうごにち》。
クロが うちの 子《こ》に なった ころ、おじいちゃんは、しごとが いそがしくて、出《しゅっ》ちょうばかりが つづいたんだって。
「クロと いっぱい あそべたから、さびしく なかったのさ。」
お父さんは、いまでも クロと じゃれあって よく あそぶ。

（みやかわ ひろ「クロは ぼくの 犬」 平成十四年度版日本書籍「わたしたちの小学国語二上」）

(1) つぎの 文の うち、この 文しょうと あって いる ものには ○を、まちがって いる も

のには ×を つけましょう。（40てん・一《ひと》つ8てん）

①（　）クロは 年を とった 犬です。

②（　）ぼくは 六年生です。

③（　）クロは お父さんに ひろわれました。

④（　）クロは お父さんと おなじ 日に 生まれました。

⑤（　）お父さんは、しごとが いそがしくて、いえに いない 日が おおいです。

(2) クロは まいあさ どんな ことを しますか。（15てん）

（　　　　）

(3) クロが ひろわれた ときの ようすを かきましょう。（15てん）

（　　　　）

(4) お父さんと クロの たん生日が おなじなのは なぜですか。（15てん）

（　　　　）

(5) 小さい ころの お父さんが さびしく なかったのは、どうしてですか。（15てん）

（　　　　）

22 むかしばなしを　よむ

〔　月　日〕

学習内容とねらい
昔話は、身近な動物や古い神々などが登場します。語り口やせりふのおもしろさなどをとらえながら、読んでいきましょう。

標準クラス

1 つぎの　文《ぶん》しょうを　よんで　こたえましょう。

ふとった　ねずみと　やせた　ねずみが、すもうを　とって　います。

「よっしょ　どっこしょ。」

なんど　やっても、やせた　ねずみは　まけてばかり　いました。

①「まあ、きのどくになあ。」

よくよく　見《み》ると、やせた　ねずみは　じさまの　いえの　ねずみで、ふとった　ねずみは　しょうやさまの　いえの　ねずみでした。

じさまは、いそいで　うちへ　かえって、ばさまに　はなしました。

「どうだろう、ばさま。うちの　ねずみに　力《ちから》　つくように、もち　ついて　やるか。」

「そう　しましょ。」

ふたりは、もちを　ついて、ねずみの　やって　くる　たなの　すみに　おいて　やりました。

つぎの　日《ひ》、②いつもより　早《はや》く　じさまが　山《やま》へ　いくと、もう、ねずみが　すもうを　とって　いました。

「よっしょ　どっこしょ。」

きょうは、③やせた　ねずみが　かって

います。

（かわむら　たかし「ねずみの　すもう」平成元年度版大阪書籍「しょうがく　こくご二下」）

(1)　——①と　いったのは、だれですか。

（　　　）

(2)　——①のように　いったのは、なぜですか。

（　　　）

(3)　はじめ　すもうに　かって　いたのは、どちらの　ねずみですか。○を　つけましょう。

（　）やせた　ねずみ

（　）ふとった　ねずみ

(4)　じさまの　いえの　ねずみは、どちらですか。○を　つけましょう。

（　）やせた　ねずみ

（　）ふとった　ねずみ

(5)　じさまと　ばさまは、やせた　ねずみの　ために　どんな　ことを　しましたか。

（　　　）

(6)　——②と　ありますが、そうしたのは、なぜですか。

（　　　）

(7)　——③と　ありますが、それは　なぜですか。

（　　　）

ハイクラス

じかん 20ぷん　ごうかくてん 80てん　とくてん　　てん

（　月　日）

1 つぎの　文《ぶん》しょうを　よんで　こたえましょう。

「びんぼうがみや、さけだ。さけを　かって　きた。」

「きた　きた。これは　ありがたい。きゅーっと、いっぱい　やれば、はらの　そこから　あったまるって　もんだ。」

とくとくっと、かけた　ちゃわんに、さけを　つぐと、ぷーんっと　あまい　においが　しました。おもわず、ごくんと、おっとの　のどが　なります。

「おまえも、のめ、のめ。」

びんぼうがみに　さけを　ふるまわれると　いうのも、みょうな　きぶんだったけれど、おっとは、えんりょ　なしに　いただく　ことに　しました。

「さっき、金《かね》もちに　なる　ほうほうを　おしえて　やるって　いったな。」

「ああ、そうだった。あの　にょうぼうが　いけない。あれを、おいだせ。」

おっとは、「そうか」と　おもったけれど、ながく　ふうふで　いた　ものを、そう　かんたんに、おいだす　わけにも　いきません。

「……それは　できんな。」

「そうか。それなら、しかた　あるまい。ずっと　[　　]で　いろ。」

びんぼうがみは、うれしそうに　いって、ちびちび　さけを　のんで　います。

（ちせ　まゆこ「びんぼうがみ」〈偕成社〉）

(1) この　ばめんで、はなしあって　いるのは、だれと　だれですか。（10てん・一《ひと》つ5てん）

（　　　）（　　　）

(2) びんぼうがみは、なにを　おしえて　くれるのですか。（20てん）

（　　　）

(3) びんぼうがみは、びんぼうに　なって　いるのは　だれの　せいだと　いって　いますか。（10てん）

（　　　）

(4) おっとが　にょうぼうを　おいだせないのは　どうしてですか。（20てん）

（　　　）

---

(5) 「……それは　できんな。」から、おっとの　どんな　きもちが　わかりますか。きごうで　こたえましょう。（10てん）

ア　はらを　たてる　きもち。
イ　こまった　きもち。
ウ　ゆかいな　きもち。

（　　　）

(6) はってん　□に　入《はい》る　ことばを　こたえましょう。（20てん）

（　　　）

(7) おっとは　どんな　人《ひと》ですか。きごうで　こたえましょう。（10てん）

ア　つめたい　人
イ　やさしい　人
ウ　いじわるな　人

（　　　）

23 しを よむ

学習内容とねらい

詩で描かれている情景を思い浮かべるようにします。作者がどのようなことを発見し、それをどのような言葉で表現しているかを確かめ味わってみましょう。

〔　月　日〕

標準クラス

1 つぎの しを よんで こたえましょう。

みのむし

ふじの 木《き》に
みのむしが ぶら下《さ》がって いた。
夕日《ゆうひ》が あたって あったかそう。
なに かんがえて いるのかなあ。
かぜに ゆられて ねむたそう。
かおを 出《だ》して ごらん。
夕日が きれいだよ。

(1) さくしゃは、みのむしの ようすを どのように あらわして いますか。二《ふた》つ かきましょう。

（　　　）（　　　）

(2) 一日《いちにち》の いつごろですか。それが わかる ことばを、ぬき出して かきましょう。

（　　　）

2 つぎの しを よんで こたえましょう。

かけっこ

かけっこの とき、
先生《せんせい》が
「ようい。」って いったら、
しゅっと
足《あし》が 出《で》た。

(1) わたしが　とび出した　ようすが　わかる　ことばを、ぬき出して　かきましょう。

（　　　　　）

(2) ここでの　わたしの　気《き》もちと　して　正《ただ》しい　ものを　つぎから　えらんで、きごうで　こたえましょう。

ア かけっこは　たのしい。
イ もう　はしりたく　ない。
ウ うんどうかいは　おもしろい。
エ 先生は　うっかりやさんだ。

（　　　）

3 つぎの　しを　よんで　こたえましょう。

ねぼうしたから
ちこくしそうに　なった
はしりつづけたので
しんぞうが　どきどき
いっとうしょうの　気もちなのに
きょうしつでは　さいごだった

(1) ちこくしそうに　なったのは　どうしてですか。

（　　　　　）

(2) 「いっとうしょうの　気もち」に　なったのは　どうしてですか。きごうで　こたえましょう。

ア たくさんの　人《ひと》が　よろこんで　くれたから。
イ がんばって　はしって、まにあったから。
ウ いつもより　早《はや》く　ついたから。

（　　　）

ハイクラス

じかん 20ぷん　ごうかくてん 80てん　とくてん　てん

〔　月　日〕

1 つぎの　しを　よんで　こたえましょう。

こわい　ざりがに

ざりがにの　はさみを
チョンと　さわった。
ざりがには、
かおを　まっかに　して
おこった。
ざりがには、
ぼくの　かおを　にらみつけた。
「なんかあ。」
と、ぼくが　いうと、
「えいやあ。」
と、はさみを　ふりあげて、
おこった。

（平成八年度版大阪書籍「小学こくご二下」）

(1) さくしゃには、おこった　ざりがにが　どんな　ことを　して　いるように　見《み》えましたか。三《みっ》つ　かきましょう。（30てん・一《ひと》つ10てん）

（　　）
（　　）
（　　）

(2) この　しは　どんな　ことを　かいて　いますか。つぎから　えらんで、きごうで　こたえましょう。（10てん）

ア ざりがにの　おもしろさ。
イ ざりがにの　こわさ。
ウ ぼくの　ゆうき。

（　　）

2 つぎの しを よんで こたえましょう。

ガラスの かお　みつい ふたばこ

おやおや こまった
ないちゃうよ。
おふろの ガラスに
かいた かお。
みんな なみだを
ながしちゃう。
わらった かおまで
ないてるよ。
おふろの ガラスに かいた かお、
□ そろって ないてるよ。

（平成二年度版光村図書「こくご二上たんぽぽ」）

(1) 「こまった」と ありますが、それは どうしてですか。（　）に ことばを かきましょう。（15てん）

ガラスに かいた かおが、みんな（　　　　）しまうから。

(2) □ に 入る ことばを、しの 中《なか》から さがして かきましょう。（　　　　）（15てん）

(3) この しの せつめいと して 正《ただ》しい ものには ○を、まちがって いる ものには ×を つけましょう。（30てん・一《ひと》つ10てん）

①（　）さくしゃは かなしんで いる。

②（　）さくしゃは おもしろく かんじて いる。

③（　）さくしゃは こまりはてて いる。

チャレンジテスト ⑨

じかん 20ぷん　ごうかくてん 80てん　とくてん　てん

〔　月　日〕

1 つぎの 文《ぶん》しょうを よんで こたえましょう。

むかし、ある ところに おじいさんと おばあさんが すんで いました。おじいさんと おばあさんには、子《こ》どもが ないので、かみさまに おねがいを しました。小《こ》ゆびぐらいの 男《おとこ》の子が 生《う》まれました。あまり 小《ち い》さいので、いっすんぼうしと いう 名《な》まえを つけました。

いっすんぼうしは、なん年《ねん》 たっても 大《おお》きく なりませんでした。おじいさんと おばあさんが、まい日《にち》、かみさまに おねがいしても、やっぱり 生まれた ときの ままでした。

ある 日《ひ》、いっすんぼうしは、おじいさんと おばあさんに いいました。

「わたしは みやこへ いって、りっぱな 人《ひと》に なりたいと おもいます。」

いっすんぼうしは、おばあさんから はりを もらって、かたなに しました。おわんを もらって、ふねに しました。そして、はしを かいに して、大きな 川《かわ》を こいで いきました。

(1) 男の子は なんと いう 名まえに なりましたか。(10てん)

（　　　　　　）

(2) 男の子は どのぐらいの 大きさでしたか。(10てん)

（　　　　　　）

(3) 男の子が　生まれて、おじいさんと　おばあさんが　かみさまに　おねがい　した　ことは　なんですか。（10てん）

（　　　　　　　　）

(4) 男の子が　みやこに　いく　ときに　もって　いった　ものを　三《みっ》つ　あげて、その　つかいかたを　かきましょう。（30てん・一《ひと》つ10てん）

・（　　　）を（　　　）に　した。

・（　　　）を（　　　）に　した。

・（　　　）を（　　　）に　した。

2 つぎの　しの（　）に　入《はい》る　ことばを　あとから　えらんで、かきましょう。（40てん・一つ10てん）

うし　　よしだ　ていいち

うしさん
うふふ
おっぱいに
①（　　　　）ついて　いる
しっぽに
②（　　　　）ぶらさがってる
はなには
③（　　　　）ついて　いる
からだに
④（　　　　）うかんでる

（平成二年度版学校図書「しょうがっこうこくご一ねん上」）

くも　にんじん　ねずみ　どうなつ

24 文《ぶん》を つなぐ

〔　月　日〕

学習内容とねらい
言葉と言葉、文と文などをつなぐ接続語(つなぎ言葉)は、前後の関係や文章の方向性をつかむために、十分理解しておく必要があります。

標準クラス

1 つぎの 文《ぶん》の つなぎことばの よこに、——を ひきましょう。

① まじめに べんきょうを した。だから、せいせきが 上《あ》がった。

② えんぴつ または ボールペンで かいてください。

③ 「やめなさい。」と ちゅういされた。けれども、やめなかった。

④ おく上《じょう》に のぼった。すると、とおくの 山《やま》が 見《み》えた。

2 つなぎことばが まちがって つかわれて いる ものに、×を つけましょう。

①(　)やくそくした。でも、ともだちは こなかった。

②(　)ごはんに するか、しかも パンに するか。

③(　)雨《あめ》が ふって いた。だから、そとで あそんだ。

④(　)かぜを ひいた。それで、学校《がっこう》を 休《やす》んだ。

⑤(　)さくらが さいたけれど、お花見《はなみ》に いく。

3 つぎの　文の（　）に　入《はい》る　ことばとして　正《ただ》しい　ほうに、○を　つけましょう。

① ぼくは、うんどう（か・も）べんきょうも　すきです。

② あなたは　右《みぎ》ききですか。（そのうえ・それとも）、左《ひだり》ききですか。

③ がんばった（ので・けれど）、しあいに　まけました。

④ いけの　まえで　手《て》を　たたきました。（しかし・すると）、こいが　あつまって　きました。

⑤ もし　あつい（なら・から）、せんぷうきを　まわしましょうか。

---

4 つぎの　ことばに　つながる　ことばを　あとから　えらんで、きごうで　こたえましょう。一《いっ》かいずつ　つかいます。

① はしれば、（　）

② ふゆに　なったが、（　）

③ しかられたので、（　）

④ みんなで　うたえば、（　）

⑤ さがしたけれど、（　）

ア しょんぼりして　いる。
イ 学校に　まにあう。
ウ まだ　あたたかい。
エ 見つからない。
オ たのしい　きもちに　なる。

ハイクラス

1 つぎの　二《ふた》つの　文《ぶん》を　つないで、一《ひと》つの　文に　しましょう。（30てん・一《ひと》つ10てん）

① きょうは　はれて　いた。
こうえんへ　いった。

（　　　　　　　　　　）

② ひっしに　べんきょうした。
せいせきは　上がらなかった。

（　　　　　　　　　　）

③ 雨《あま》やどりを　して　いた。
雨《あめ》が　上《あ》がった。

（　　　　　　　　　　）

はってん
2 つぎの　文を、れい　のように　二《ふた》つに　わけましょう。（40てん・一つ10てん）

れい　かぜが　ふいて　いたので、たこは　たかく　上がった。

① かぜが　ふいて　いた。
② それで、たこは　たかく　上がった。

(1) 犬《いぬ》の　さんぽを　していたら、しんせきの　おばさんに　あった。

①（　　　　　　）
②（　　　　　　）

(2) かぜを　ひいたので、一日中《いちにちじゅう》　いえで　ねて　いた。

じかん	ごうかくてん	とくてん
20ぷん	80てん	てん

〔　月　日〕

①（　　　）
②（　　　）

(3) もけいの　ひこうきを　つくったが、こわして　しまった。

①（　　　）
②（　　　）

(4) まえもって　じゅんびして　いたのに、よていが　かわった。

①（　　　）
②（　　　）

3 つぎの　文しょうの（　）に　入《はい》る　ことばを、□から　えらんで　かきましょう。（30てん・一つ10てん）

あと　二日《ふつか》で　なつ休《やす》みも　おわりです。（①　　　）、しゅくだいは　まだ　山のように　のこって　いました。

ぼくは、あわてて　しゅくだいに　とりかかりました。やって　みると、ぼくが　わからない　もんだいも　ありました。きょうかしょを　見《み》ても、のって　いません。（②　　　）、つぎの日　としょかんに　いって、いろいろ　しらべて　みました。（③　　　）、それまで　わからなかった　もんだいも、こたえる　ことが　できました。

それとも　すると
そこで　ところが

25 ながい 文《ぶん》しょうを よむ

学習内容とねらい
長文読解においては、国語の総合的な力が試されます。これまでの学習の成果を発揮できるよう、一つ一つの問題に丁寧に取り組むことが大切です。

〔　月　日〕

標準クラス

1 つぎの 文《ぶん》しょうを よんで こたえましょう。

はるの あたたかい 日《ひ》、くろおおありが、［ア］ すの 入《い》り口《ぐち》を 出入《ではい》りして いるのを 見《み》かけます。

すから 出て くる ありは、①小《ち》さな 土《つち》の かたまりを くわえて います。

その 土を そとに すてると、また、いそいで すの 中《なか》へ もどって いきます。これは、すを 大《おお》きく して いるのです。

はじめは、こう して、すを つくってばかり います。

もっと あたたかく なると、えさを さがしに 出かける ありも います。

ありは、からだが 小さい ［イ］、たいへんな 力《ちから》もちです。じぶんの からだの なんばいも ある 大きな えものを、一《いっ》ぴきで ひきずって いきます。

もっと 大きくて ［ウ］ で はこべない ものは、なかまが なんびきも あつまって、はこんで いきます。

はるの おわりごろ、くろおおありの すの 入り口を、気《き》を つけて ②見て みましょう。あたまの 小さい、はねの ある ありが、ときどき からだを の

り出して　いるのが　見られます。もう
すぐ、けっこんひこうが　はじまるので
す。

（くりばやし　さとし「ありの　生《せい》かつ」平成二年度版「小学校こくご二年上」）

(1) ㋐に　入る　ことばを　つぎから　えらんで、きごうで　こたえましょう。

ア うれしそうに
イ のんびりと
ウ いそがしそうに

（　　）

(2) ――①「小さな　土の　かたまりを　くわえて　います」と　ありますが、これは　なにを　する　ためですか。

（　　　　　　　　）する　ため。

(3) ㋑に　入る　ことばを　つぎから　えらんで、きごうで　こたえましょう。

ア ので　**イ** のに
ウ から　**エ** だけ

（　　）

(4) ㋒に　入る　ことばを　つぎから　えらんで、きごうで　こたえましょう。

ア 一ぴき　**イ** 足《あし》
ウ あり　**エ** なかま

（　　）

(5) ――②「見てみましょう」と　ありますが、なにを　見るのですか。

（　　　　　　　　）

ハイクラス

じかん 20ぷん　ごうかくてん 80てん　とくてん てん

〔 月 日〕

1 つぎの 文《ぶん》しょうを よんで こたえましょう。

お正月《しょうがつ》の ある 日《ひ》の ことです。はらっぱで、男《おとこ》の子《こ》や 女《おんな》の子たちが、たこあげを して いました。けいたくんの やっこだこが、いちばん たかく上《あ》がって いるので、①けいたくんは とても いい 気《き》もちでした。

夕《ゆう》がたに なりました。子どもたちは だんだん かえって いきました。それでも、けいたくんは かえりません。あたりが うすぐらく なって きました。

「あ、いけない。もう かえらなくては。」

あわてて 糸《いと》を まきました。②その とき、糸が ぷつっと きれました。

たこは、田《た》んぼを こえて、おみやの 森《もり》の ほうへ とんで いきます。けいたくんは、たこを おって はしり出《だ》しました。

「おうい、けいた。もう おかえり。」

にいさんが むかえに きました。③けいたくんは、たこの ほうを 見《み》ながら、かえって いきました。

けいたくんは、よる、とこに はいってからも、たこの ことばかり かんがえて いました。

けいたくんは、ねむって いる あいだに、やっこだこの ゆめを 見ました。

たこは、おみやの　森の　木《き》に　ひっかかりました。

森の　すずめたちが　かえって　きました。④一《いち》わの　すずめが　たこを　見つけました。

「みんな、気を　つけろ。あそこに　こわい　かおを　した　おじさんが　いるぞ。」

「ちがう、ちがう。わたしは　たこだよ。」

と、やっこだこは　あわてて　いいました。

（「けいたくんの　たこ」昭和四十九年度版東京書籍「新訂あたらしいこくご一下」）

(1)　――①と　ありますが、それは　どうしてですか。（25てん）

（　　　　）

(2)　――②「その　とき」と　ありますが、けいたくんが　なにを　した　ときですか。（25てん）

(3)　――③の　ときの　けいたくんの　気もちを　つぎから　えらんで、きごうで　こたえましょう。（25てん）

（　　　　）

ア　たこが　よく　とんで、うれしい。

イ　たこが　なくなって、ざんねんだ。

ウ　あすには　きっと、たこは　もどって　くる。

(4)　――④「一わの　すずめ」には、やっこだこは　どんな　ふうに　見えましたか。（25てん）

（　　　　）

じかん	ごうかくてん	とくてん
20ぷん	80てん	てん

〔　月　日〕

1 つぎの 文《ぶん》しょうを よんで こたえましょう。

ヘリコプターは、べんりな のりものです。

ヘリコプターは、ア せまい ところから とび上《あ》がったり、イ せまい ところに おりたり する ことが できます。 ㋐ ウ ゆっくり とんだり、エ 空《そら》で とまって いたり する ことも できます。

㋑ ヘリコプターは、いろいろの しごとに つかわれます。

たかい 山《やま》の 上《うえ》で こうじを する ことに なりました。みちが ないので、車《くるま》も いけません。① こんな とき、ヘリコプターが よく つかわれます。

ヘリコプターは、おもたい どうぐや ざいりょうを、空から 山の 上に はこぶのです。

うみで、ふねが しずみそうに なりました。② こんな ときにも、ヘリコプターが よく つかわれます。

ふねの ま上に ヘリコプターを とめ、なわばしごや つなを 下《お》ろして たすけるのです。

小《ちい》さな しまで、人《ひと》が 大《おお》けがを しました。すぐに 手《て》あてを しなければ なりません。こんな ときにも、ヘリコプターが よく つかわれます。

ヘリコプターは、しまの 中《なか》の たいらな ところに まっすぐに おり、け

が人《にん》を　のせて　町《まち》の　大きな　びょういんへ　いそいで　はこぶのです。

ヘリコプターは、ひろい　田《た》んぼや　はたけに、たねなどを　まく　しごとにも　つかわれます。

また、じけんの　あった　ところへ　とんで　いって、空から　しゃしんを　とったり、ほうそうしたり　する　しごとにも　つかわれます。

（「ヘリコプター」昭和五十四年度版日本書籍「しょうがくこくご一ねん下」）

(1) ㋐、㋑に　入《はい》る　ことばを　つぎから　えらんで、きごうで　こたえましょう。（20てん・一《ひと》つ10てん）

ア　しかし　**イ**　つまり　**ウ**　また　**エ**　だから

㋐（　　）　㋑（　　）

(2) ——①「こんな　とき」と　ありますが、ヘリコプターは　その　とき、どんな　しごとを　しますか。つぎの（　）に　入る　ことばを　かきましょう。（40てん・一つ10てん）

（①　　）が　いけない　たかい　山の　上に、（②　　）や（③　　）を（④　　）から　はこぶ。

(3) ——②「こんな　とき」と　ありますが、この　とき　ヘリコプターが　よく　つかわれる　りゆうを、文中《ぶんちゅう》の　**ア**〜**エ**で　こたえましょう。（20てん）

（　　）

(4) ヘリコプターの　しごとは　いくつ　かかれて　いますか。すうじで　こたえましょう。（20てん）

（　　）つ

しあげテスト 1

〔　月　日〕

じかん 20ぷん
ごうかくてん 80てん
とくてん　てん

1 かんじの よみかたを かきましょう。(24てん・一《ひと》つ3てん)

① 森林（　　）
② 青空（　　）
③ 先生（　　）
④ 草花（　　）
⑤ 大雨（　　）
⑥ 夕日（　　）
⑦ 本名（　　）
⑧ 土足（　　）

2 ――の ことばを かんじで かきましょう。ひつような ものは おくりがなも かきましょう。(30てん・一つ3てん)

① ふねで かわを くだる。
② すいしゃごやに はいる。
③ かぜで がっこうを やすむ。
④ はやく おきて やまへ いく。
⑤ しろい かいがら

3 つぎの ことばの はんたいの ことばを かきましょう。(10てん・一つ2てん)

① あかるい ―（　　）
② さむい ―（　　）
③ はやい ―（　　）

④ おもい ―（　　　　）

⑤ よわい ―（　　　　）

4

――の こそあどことばが さして いる ことばを かきましょう。（21てん・一つ7てん）

① 木《き》には、やしの みが たくさん なって います。さるは それを じょうずに もいで、木の 下《した》に なげおとしました。

（　　　　）

② ちょうは はなびらの 上《うえ》に とまると、みつを すいはじめました。やがて しょくじを おえ、そこから とびたちました。

（　　　　）

③ これだ！ ほしかった ゲームはと、ぼくは こころの 中《なか》で おもいました。

（　　　　）

5

〰〰の ことばを かざって いる ことばの よこに ――を ひきましょう。（15てん・一つ3てん）

① おとうとは、とても おもしろがって、テレビを 見《み》て います。

② たぶん あしたは はれるでしょう。

③ なんと みごとな えでしょう。

④ ちゃいろの ねこが さっと とおりすぎました。

⑤ きいろい チューリップが きれいに さきました。

しあげテスト ②

じかん 20ぷん　ごうかくてん 80てん　とくてん　　てん

（　月　日）

1 つぎの 文《ぶん》しょうを よんで こたえましょう。

きょう、ひるの 休《やす》みじかんに、ぼくたちは、どんぐりごまの きょうそうを しました。きょうしつの つくえの 上《うえ》で まわしました。ぼくは、ふじ子《こ》さんと きょうそうを しました。

先生《せんせい》が、

「ようい、どん。」

と いって、手《て》を たたきました。ぼくは、こまを つよく まわしました。

［ア］、

「フレー、フレー。」

と いって、ぼくの こまを おうえん しました。

こまが つくえの はしの ほうへ きたので、ぼくは、

「おちるな。おちるな。」

と、大《おお》きな こえで いいました。

［イ］、とうとう はしまで きて、おちて しまいました。いそいで こまを 見《み》ると、まだ すこし まわって いました。ふじ子さんの こまを 見たら、もう とまって いました。

（昭和四十九年度版「新訂あたらしいこくご一下」）

(1) どんぐりごまの きょうそうは、いつ やりましたか。（15てん）

（　　　　　　）

(2) どんぐりごまの きょうそうは、

どこで　やりましたか。（15てん）

（　　　　　）

(3) はじまりの　あいずは、だれが　どのように　したのですか。（15てん）

（　　　　　）

(4) ㋐、㋑に　入《はい》る　ことばを　つぎから　えらんで、きごうで　こたえましょう。（20てん・一《ひと》つ10てん）

ア そして　イ ところで
ウ または　エ でも

㋐（　　）㋑（　　）

(5) おちた　あと、ぼくの　こまは

どう　なりましたか。（15てん）

（　　　　　）

(6) この　文しょうと　あって　いる　ものには　○を、あって　いない　ものには　×を　つけましょう。（20てん・一つ4てん）

①（　）きょうそうの　あいては　ふじ子さんだ。
②（　）ぼくは　こまを　そっと　まわした。
③（　）ぼくは　しずかに　おうえんした。
④（　）こまは　つくえの　はしから　おちた。
⑤（　）おちた　こまは、どちらも　すぐ　とまった。

しあげテスト ③

1 つぎの　文《ぶん》しょうを　よんで　こたえましょう。

りかさんは　けいくんと、パンこうじょうの　もんの　まえで、三《さん》じに　あうやくそくを　しました。けいくんの　おとうさんに、こうじょうを　あんないしてもらうのです。

りかさんは、五《ご》ふんまえに　つきました。①けいくんは、三十《さんじっ》ぷん　おくれました。いえの　とけいが　とまって　いて、じかんが　わからなかったのです。

（ア）、町《まち》じゅうの　とけいが　いっぺんに　とまったら、どう　なって　しまうでしょうか。

目《め》ざましが　ならないので、みんながあさねぼうするかも　しれません。先生《せんせい》も　ちこくです。じかんが　わからないと、チャイムも　ならせません。じかんわりも　めちゃくちゃに　なります。すきな　テレビの　ばんぐみを　②見《み》そこなうかも　しれません。

とけいが　ないと、こまる　ことがこんなに　いろいろと　おきて　きます。

（イ）、むかしは、とけいが　なくても　こまる　ことは　あまり　なかったのです。人《ひと》びとは、あさ、（ウ）なると　おきて　しごとを　はじめ、夕《ゆう》がた、（エ）なると　しごとを　やめました。

でも、町が　でき、人びとが　そこでいっしょに　くらしたり　はたらいたり

じかん 30ぷん
ごうかくてん 75てん
とくてん 　てん

（　月　日）

するように　なると、③とけいが　ひつように　なりました。

（「とけいの　はなし」平成二年度版日本書籍「小学国語二上」）

(1) ——①と　ありますが、それは　どうしてですか。（10てん・一《ひと》つ5てん）

（　　　　　　　　　　）いたので、

（　　　　　　　　　　）から。

(2) [ア]に　入《はい》る　ことばを　つぎから　えらんで、きごうで　こたえましょう。（10てん）

アもしも　　**イ**たとえ

ウしかし

（　　）

(3) ——②「見そこなう」と　ありますが、ここでの　いみを　つぎから　えらんで、きごうで　こたえましょう。（10てん）

アちがう　ものを　見る。

イちがった　みかたを　する。

ウ見る　チャンスを　うしなう。

（　　）

(4) [イ]に　入る　ことばを　つぎから　えらんで、きごうで　こたえましょう。（10てん）

アだから　　**イ**ところが

ウたとえば

（　　）

(5) [ウ]、[エ]に　入る　ことばを、ウは　ひらがな　四字《よじ》、エは　ひらがな　三字で　かんがえて　かきましょう。（10てん・一《ひと》つ5てん）

ウ［　　　　］

エ［　　　］

(6) ——③と ありますが、それは どうしてですか。（15てん）

（　　　　　　　　）

2 つぎの しを よんで こたえましょう。

しらない 子《こ》　みやざわ しょうじ

しらない 子だけど
[①]
かきねの そばで
[②]
よぼうと おもって
出《で》て みたら
かきねの かげに
[③]

しらない 子だけど
[④]
かきねの そばで
[⑤]

（平成二年度版日本書籍「小学国語二上」）

(1) [①]～[⑤]には、それぞれ どの ことばが 入りますか。つぎから えらんで、きごうで こたえましょう。（20てん・一つ4てん）

ア あそんだよ　イ わらったよ
ウ かくれたよ

①（　）②（　）③（　）
④（　）⑤（　）

(2) 「しらない 子」は どこに いるのですか。（15てん）

（　　　　　　　　）

小1 ハイクラステスト

国語

こたえ

詳しい「指導の手引き」付き

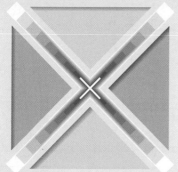

HIGH CLASS

受験研究社

小学1年国語　こたえ

ハイクラステスト

1　ひらがな①……………

2ページ

1 ①はさみ　②にわとり　③かたつむり　④こいのぼり

2 ①いす　②りす　③つり　④はり

考え方　形の似ているひらがなが区別できているか、また書くときに、はっきり書き分けられるかを確かめましょう。

3ページ

3 （れい）みかん・いちご・ぶどう

4 ①さく　②かき　③なき　④ふり

5 （れい）①おりがみ　②しか　③めだか　④ひよこ　⑤ぬりえ　⑥さつまいも　⑦きつね　⑧ねずみ

指導の手引き　しりとりの言葉は、一つに限らず思いつくだけ書き出させるようにしましょう。言葉を増やす訓練になります。

4ページ

1 ①つえ　②ばら　③はし　④やま　⑤たい　⑥はしる

考え方　三つの言葉に共通している点は何か考えてみましょう。

2 ①…かく~~わ~~んぼを　して　~~お~~そびました。
②…ひ~~た~~、おかあ~~さ~~んと…
③ぼ~~ん~~の　たこは、かぜに　~~う~~かれて…
④…つかま~~い~~ようと、いつもより　~~ほ~~やくおきました。
⑤…~~ぬ~~こが、へいの　うえを　あ~~る~~いて…

考え方　①わ↓れ・お↓あ　②た↓に・き↓さ　③ん↓く・う↓ふ　④い↓え・ほ↓は　⑤ぬ↓ね・ろ↓る

5ページ

3 ①…じふんたちの　へやを　きれいにそうししました。
②きんようひに、ともだちが　ほくの　うちに…
③…とつせん…なりたしました。
④…たんほほが…
⑤さむさて、てが　かしかんで…

考え方　①ふ↓ぶ・し↓じ　②ひ↓び・ほ↓ぼ　③せ↓ぜ・た↓だ　④ほ↓ぽ　⑤て↓で・し↓じ

指導の手引き　何度も字を書いて、濁音「゛」と半濁音「゜」の付く位置を覚えさせましょう。また、言葉を発音して、音でも記憶するようにします。

4 あしか―から[す]―[す]いか―かも[め]―[め]だか―かつ[お]―[お]にぎり―り[す]―[す]ずめ―めが[ね]―[ね]こ―こけ[し]―[し]いたけ―けんだ[ま]―[ま]くら―らくが[き]―[き]つね―ねず[み]―[み]かん

2　ひらがな②……………

6ページ

1 ①きんぎょ　②きゅうり　③ちきゅうぎ　④にんぎょう

2 ①っ　②っ　③つ・っ　④つ　⑤つ

考え方　①てっきょう　②がっこう　③まっ　ぼっくり　④しつもん　⑤つみあげる

7ページ

3 （○を　つける　ほう）①ひだり　②みぎ　③ひだり　④ひだり

4 （○を　つける　ほう）①した　②した　③うえ　④うえ　⑤うえ　⑥うえ　⑦した　⑧うえ　⑨うえ

指導の手引き　原則として、あ・い・う・え段の長音（のばす音）は、それぞれの母音を付け、お段は「う」を付けます。ただし、え・お段は例外（⑨「こおり」など）があるので、一つ一つ覚えるようにします。

8ページ

1 ①ほうちょう ②おおかみ ③せいかつ ④れいぞうこ ⑤しょうぼうしゃ

考え方 ③「せいかつ」や④「れいぞうこ」は、原則どおりなら、「せえかつ」「れえぞうこ」となりますが、例外的に解答のように書きます。

2 （れい）①くしゃみ ②きゅうしょく ③れんしゅう ④じてんしゃ

9ページ

3 ①…しゆうじを ならつて… ②…きようかしよを… ③きようの…としよしつで… ④…おじいちやんは…そつくりです。 ⑤うつかりして、しゆくだいを…

4 ①きゆうに…ぐつしより… ②おとおとと いっしよに…とうい ③…つかまえよおと…ひつして… ④…せんせえに、おはよおございますと…

考え方 ①きゅうに・ぐっしょり ②おとうと・いっしょに・とおい ③つかまえようと・ひっしで ④せんせいに・おはようございます

3 かたかな ……

10ページ

1 （○を つける ほう）①ひだり ②みぎ ③ひだり

2 ①ピアノ ②テーブル ③ネクタイ ④カンガルー

11ページ

3 （○を つける ほう）①ひだり ②ひだり ③ひだり ④みぎ ⑤みぎ

考え方 長音のかたかなの書き表し方に注意しましょう。ひらがなの場合の書き表し方と、混同しないようにします。

4 ①ねこ ②きりん ③ねずみ

12ページ

1 ①ホットケーキ ②クリスマスツリー ③プレゼント ④サンタクロース ⑤ジングルベル

2 （れい）①ノート ②ドーナツ ③トランプ ④スカート ⑤ルビー ⑥ネックレス

13ページ

3 ①キャッチボール ②ジェットコースター ③ユニホーム ④リュックサック ⑤コーヒーカップ ⑥モノレール

考え方 ①・②・④のように、小さく書く字が続くところに注意しましょう。

4 ①…ソャボンだまを… ②…ズボソを… ③…フールで… ④…マララーを… ⑤ヘリコプタアに… ⑥ベンギンの… ⑦…カメラを… ⑧ボーリペンで…

考え方 ①シャボン ②ズボン ③プール ④マフラー ⑤ヘリコプター ⑥ペンギン ⑦カメラ ⑧ボールペン

指導の手引き 形の似ている字をきちんと区別できるように、何度も書いて、それぞれの字の形を正確に覚えさせましょう。

4 ひらがなと かたかな ……

14ページ

1 ①エプロン ②タクシー ③ポスター ④ガラス ⑤クッキー

2 キャベツ・クレヨン・カスタネット・アイロン

指導の手引き かたかなで書き表す言葉は次のように分類できます。
①外国から入ってきたものの名前…パイナップル・バイオリンなど
②外国の国名・地名・人の名前…ドイツ・ナポレオンなど
③物音や動物の鳴き声…ザーザー・モーモーなど

15ページ

3 ①…はんばあぐと すうぷでした。 ②らけっとで ぼおるを… ③てれびの りもこんを… ④とらっくと おおとばいが… ⑤ほてるで ふらんすりょうりを…

4 ①エ ②イ ③ウ ④ア

16ページ

1 ①・④・⑤・⑦・⑩

考え方　解答の言葉は、いずれも前ページ「指導の手引き」の①にあてはまらないことを確かめましょう。

2　①ゆうびんポスト　②けしゴム　③きんぞくバット　④えきまえビル　⑤がくしゅうノート

17ページ

3　①すいすい　②ザーザー　③ぶるぶる　④メーメー　⑤くるくる

考え方　②は物音、④は動物の鳴き声なので、かたかなで書き表します。そのとき、長音（のばす音）の書き表し方を間違えないようにします。

4　①…どらいぶに…ふぇりいが…　②…あすれちっくに…ろおぷで…ねっとを…さいくりんぐに…

考え方　①どらいぶ→ドライブ・ふぇりい→フェリー　②あすれちっく→アスレチック・ろおぷ→ロープ・ねっと→ネット・さいくりんぐ→サイクリング

指導の手引き　様子を表す言葉は、かたかなで書き表す言葉ではありません。注意させましょう。

5　ことばの　いみ……

18ページ

1　①ア　②ア　③イ

指導の手引き　知らない言葉は、積極的に辞書を引いて調べさせましょう。そして、その言葉が表す具体的な様子や状況を思い浮かべるようにします。

2　①うしろ（あと）　②おもい　③せまい　④はやい　⑤みじかい　⑥やわらかい

考え方　似た意味や対になる意味の言葉は、グループとしてまとめて覚えるようにしましょう。

19ページ

3　(1)なか　(2)①ア　②イ　③ウ

考え方　文脈によっては、知っている意味と異なる意味で使われることもあります。前後のつながりから、ふさわしい意味を考えましょう。

20ページ

1　(1)ふゆ　(2)きた　(3)ウ

考え方　(3)ここでの「きびしい」は、程度が激しいという意味で使われています。

21ページ

2　(1)①どきどき　②ほっと　(2)かさ　(3)（れい）わすれものの　ことを　はずかしがる　きもち。　(4)いしかわさんの　おばさんが　かさを　もって　きて　くれたから。

考え方　(1)のしんすけ君の気持ちが表れている言葉に注目すると、話の展開が理解しやすくなります。

チャレンジテスト①

22ページ

1　①くじゃく　②ハーモニカ　③ぎゅうにゅう（ミルク）　④てんとうむし　⑤パイナップル

2　（れい）①かめ　②ろうそく　③ねずみ　④えんぴつ　⑤しまうま

考え方　（　）の前後にくる字の間に字を入れて、言葉を考えてみましょう。

23ページ

3　①まけた　②あさい　③おりる　④しめる　⑤のる

4　サッカー・ボール・ザーザー・ゴロゴロ・グラウンド

考え方　「そよそよ」は、様子を表す言葉なので、かたかなにしないように注意します。

チャレンジテスト②

24ページ

1　（○を　つける　ほう）①した　②うえ　③うえ　④した　⑤した　⑥うえ　⑦した　⑧した

考え方　長音（のばす音）や拗音・促音（小さく

書く字)について復習し、理解を完全なものにしておきましょう。

2 (れい)①スケート ②イヤリング ③クリスマス ④ミシン ⑤トースト ⑥ランドセル ⑦キャベツ

25ページ

3 ①ア ②ウ ③ウ

指導の手引き 似ている選択肢に惑わされないように、少しでも意味があいまいな言葉については、辞書を引いて確認させましょう。

4 ①…は~~つ~~っ~~は~~ぱを…
②お~~や~~つかいに…き~~ゆ~~ゅうりを さん~~ぽ~~ぼん…
③…きん~~し~~じょの サッカ~~ア~~ーチ~~イ~~ームに…

6 かんじを よむ……

26ページ

1 ①くるま・やま ②そら・あめ ③もり・なか・むら ④あか・おんな・こ

2 ①つき・げつ ②かね・きん ③き・もく ④みず・すい ⑤ひ・か

考え方 音読みと訓読みで、複数の読みがある漢字に注意します。正しく使い分けができるように、それぞれの読み方の用例をおさえておきましょう。

27ページ

指導の手引き 音読み…中国から伝わった漢字の発音をもとにした読み方。一字で読んでも意味がわかりにくい。(山…サン)
訓読み…漢字の意味に従って、日本の言葉をあてはめた読み方。(山…やま)

3 (じゅんばんは とわない)①いぬ・けん ②まち・ちょう ③た・でん ④いと・し ⑤はやし・りん

4 ①あまあし ②もじ ③きゅうじつ ④ひとめ ⑤たいぼく

考え方 ①「雨」や⑤「木」には、多くの読み方があるので、使い分けに注意するようにします。

28ページ

1 ①おう ②しょう ③たけ ④みかづき ⑤き ⑥ほんみょう ⑦ひゃくえん ⑧けんがく

2 ①だんじょ ②うてん ③がっこう・せんせい ④ひとで ⑤くうちゅう

考え方 熟語を使った言葉遣いにも、少しずつ慣れていくようにしましょう。

29ページ

3 (じゅんばんは とわない。よみかたは どれか 一つで よい)
①青(あお・せい)・白(しろ・はく・しら)・赤(あか・せき)
②下(した・しも・さ・くだ・お・か・げ)・左(ひだり・さ)・上(うえ・うわ・かみ・あ・のぼ・じょう)・
③手(て・しゅ)・耳(みみ・じ)・足(あし・た・そく)・目(め・もく)

指導の手引き 仲間分けすることで、漢字を記憶する助けになります。

4 ①あま・がわ ②たなばた ③おとな ④ふつか ⑤じょうず

考え方 ②~⑤のような特別な読み方については、一つ一つ覚えていくようにします。

7 かんじを かく ①……

30ページ

1 ①空 ②石 ③虫 ④糸 ⑤耳 ⑥林 ⑦村 ⑧女 ⑨月 ⑩力

考え方 とめやはらいにも注意して書くようにします。

2 ①~~上~~↓土 ②~~貝~~↓見 ③~~犬~~↓大 ④~~玉~~↓王 ⑤~~入~~↓人 ⑥~~木~~↓水

考え方 どれも字形が似ている漢字です。間違いをしっかりと意識して、「土が上になっている」などと説明できるようにします。

31ページ

3 ①花 ②草 ③気 ④手 ⑤車 ⑥校

考え方 すべて音読みの漢字です。①下、②早など、同じ音の漢字を書かないように、言葉の意味を考えて書きます。

4 ①学年・名　②山・夕日　③赤・白　④男・先生　⑤森・中　⑥青・目

指導の手引き　書く姿勢や鉛筆の持ち方によっても字はずいぶん変わりますから、正しい姿勢と持ち方で練習させるようにしてください。

32ページ

1 ①休　②入　③生　④学　⑤空　⑥出

考え方　④最初の三つの画の傾きや向きに注意します。

2 ①小川　②本名　③火花　④竹林　⑤町立　⑥文字

考え方　少し難しい言葉を漢字で書きます。②本当の名前、③花のように飛び散る火など、言葉の意味を考えながら書きます。

33ページ

3 ①木　②音　③車　④足　⑤水

4 ①八千十円　②人手　③男女　④上下左右　⑤早口　⑥雨天中

考え方　②「人出」と書かないように注意します。

8 かんじを かく ②……

34ページ

1 ①一月三日　②四月一日　③六月八日　④二月九日　⑤三月二十日　⑥五月十日

考え方　「一日」(ついたち)、「八日」(ようか)、「二十日」(はつか)など、読み、書きともにしっかりと身に付けるようにしましょう。

2 ①人・入　②木・本　③貝・見　④村・林　⑤大・犬　⑥王・玉

考え方　どれも字形が似ている漢字です。どこが違うかをはっきりと区別して書くようにします。②は「木のかげ」なので、「小かげ」ではありません。

35ページ

3 ①足　②手　③耳　④目　⑤口

4 ①日　②月　③火　④水　⑤木　⑥金　⑦土

考え方　まとめて覚えるようにしましょう。

5 ①円　②花　③学　④石　⑤白　⑥草

考え方　すべて音読みと訓読みの組み合わせです。一つの漢字で、異なる読み方があることを意識しながら書くようにするとよいでしょう。

36ページ

1 ①見学　②糸車　③火山　④休日　⑤森林　⑥正月

考え方　文の意味に合うように言葉を選びます。④は、「正月」「休日」のどちらも入りますが、⑥は「正月」に限定されるので、④が「休日」となります。

2 ①左　②入　③下　④男　⑤大

考え方　①みぎ、②でる(だす)、③うえ、④おんな、⑤ちいさい と、訓読みで考えましょう。

37ページ

3 ①夕・赤　②立・校　③町・土　④先・文　⑤空・竹　⑥雨・入

考え方　⑤同じ訓読みでも、「空《そら》」はすぐ書けても、「空《から》」は難しいようです。「中が空《あ》いている＝空《から》っぽ」というように覚えるといいでしょう。

4 ①水田　②二手　③木目　④人気　⑤一足早　⑥天・川

考え方　言葉の意味を考えます。③は、木の切り口に現れている筋です。⑤は、「ほんの少し」という意味なので、「人足」と書かないように注意します。

9 かんじの かきじゅん……

38ページ

1 (○を　つける　かんじ)下・小・夕・大・千・子

2 (4かいで　かく　かんじ)天・円・王・手

3 (5かいで　かく　かんじ)目・立・本・白

(○を　つける　ほう)①右《みぎ》　②右　③左《ひだり》　④左

39ページ

4 ①4　②2　③6

5 ①ノナナ右右
②一ナナ左左

③一 厂 冋 百 亘 車
④一 厂 冂 而 币 雨 雨 雨
⑤一 十 オ 木 木' 朴 朴 栌 校 校

考え方　「右」と「左」の最初の二画は、形が似ていますが、書き順は異なります。注意しましょう。

6 ①4　②5　③7　④12　⑤5　⑥7　⑦4　⑧5　⑨8　⑩3

考え方　⑧「出」の二画目に注意しましょう。縦と横を一画で書きます。

40ページ

1 ①イ　②エ　③ウ　④オ　⑤ア

考え方　⑤ふつう、②の「水」のように、中と左右があるものは、中を先に書くというきまりがありますが、「火」は例外的に左、右、中の順に書きます。

2 （○を　つける　ほう）①左《ひだり》　②右《みぎ》　③左　④左　⑤右　⑥左　⑦右　⑧右

41ページ

3 ①一 丁 下 F 耳 耳
②一 丁 干 王
③ㄑ 幺 幺 糸 糸 糸
④ノ 𠂉 牛 生 先 先

考え方　③「糸」の四画目をはねないように注意しましょう。

4 ①本　②出　③足

5 ①気・百・字　②赤・男・花・貝　③林・金　④草・音　⑤校

10　かんじと　かなで　かく……………

42ページ

1 ①一つ　②五つ　③九つ　④七つ　⑤八つ

2 ①○　②休む　③赤い　④○　⑤立てる

考え方　漢字の練習をするときは、送りがなも含めて書くようにします。⑤は特に間違えやすい漢字です。

43ページ

3 ①上げる・上る　②下がる・下ろす・下る　③生きる・生まれる・生える

考え方　これらの漢字は読み方がいろいろあり、送りがなもよく出題されます。一年生のうちにはっきり書き分けられるようにしましょう。

4 ①空ける　②足りない　③入る　④見える　⑤小さい　⑥円く

考え方　③「入いる」ではありません。「入《い》れる」と区別しましょう。

44ページ

1 ①下る　②生まれる　③下げる　④下ろす　⑤生える　⑥上る

考え方　複数の訓読み（送りがながつくもの）がある漢字です。「生」は他に「生《い》きる」、「上」は他に「上《あ》げる」があります。

2 ①出し入れ　②夕立　③手早く　④青白い　⑤雨上がり

考え方　②「立」は「立《た》つ」と読みますが、この場合は送りがなはつけません。

45ページ

3 ①㋐三つ　㋑二つ　㋒足りません
②㋐休みたい　㋑五つ　㋒空いて
③㋐円い　㋑八つ　㋒九つ
④㋐正しい　㋑見せて
⑤㋐大きい　㋑小さい　㋒学んで

考え方　設問文に「――の　ことばを」とあるので、ひらがなで書く部分にも注意をするようにします。

チャレンジテスト③

46ページ

1 ①がっこう　②せいねん　③くさばな　④ゆうひ　⑤もくめ

2 ①生え　②生まれ　③生　④生ん

考え方　①は|え　②う|まれ　③な|ま　④う|ん

47ページ

3 ①天気　②入手　③糸車　④貝　⑤上下　左右　⑥人口

4 ①空を　見ると、月が　出ていた。
②村には、森や　林が　ある。
③男女が、円く　わに　なって　おどる。
④名まえを　よばれ、立ち上がった。

考え方　送りがなの必要な漢字に注意しましょう。

チャレンジテスト ④

48ページ

1 ①はちがつここのか　②じんりきしゃ　③ひゃくえんだま　④すいでん　⑤どそく　⑥いとぐち　⑦いつ(つ)ご　⑧はなみ

2 (○を　つける　ほう)①右《みぎ》　②左《ひだり》　③右　④左

指導の手引き　書き順を誤って覚えていた漢字については、繰り返し書く練習をさせ、正しい書き順を覚えさせます。

49ページ

3 ①水田　②虫・耳　③川・小石　④三十　⑤文・六　⑥赤・白　⑦本・七

4 ①手入れ　②大きい　③空けて　④休む

11 「は」「へ」「を」を　正《ただ》しく　つかう

50ページ

1 ①お・を　②お・お・を　③お・を

考え方　「お」と「を」は、どのような場合も発音が同じになるので、使い分けに注意しましょう。「を」は、「〜を」の形で用います。

2 ①へ・え　②え・へ　③へ・え

考え方　「へ」は、場所などを表す言葉のあとに用いられ、その場合は、「え」と同じ発音になります。

51ページ

3 ①わたし~~わ~~は、…　②かけっこ~~お~~を…のはら~~え~~へ…　③~~を~~おかしを　たべお~~は~~わりました。　④ぼく~~わ~~は　うみべ~~え~~へ…　⑤…学校~~え~~へ　花~~お~~を…

4 ①は　②は　③を　④を　⑤へ

考え方　「は」は、文の主語などを表す言葉のあとに用いられ、その場合は、「わ」と同じ発音になります。

52ページ

1 ①は・を　②は・は　③を・を　④を・へ

2 ①みかん~~お~~を…に~~を~~おいが…　②にわに~~わ~~は…花~~お~~を…　③わたし~~わ~~は　がいこく~~え~~へ…

53ページ

3 (1)を　(2)ききとりあそび　(3)みどり(のいろがみ)　(4)耳を

考え方　(4)「耳をすます」という慣用句として覚えましょう。

指導の手引き　間違えたものについては、文章中に印をつけて、実際にどのように使われているか確かめさせましょう。

12 、。「」を正《ただ》しく　つかう………

54ページ

1 ①…しかし、…　②休みなので、…　③…あついと、…　④…けは、…　⑤…はしったし、…

考え方　読点(、)は、主に文の意味の切れ目に付けます。例えば③では、「あつい」という意味と、「あせが出る」という意味に分かれます。

2 ①「そうです。」　②「いっしょに　あそぼうよ。」　③「たんざくに　ねがいごとを　かいて　ください。」　④「ちゃんと　おきなさい。」

考え方　かぎ(「　」)は、主に文中の会話の部分に用います。「　」の中でも文の終わりには句点(。)を付けます。

55ページ

3 ①…しっぽには、…います。うれしいと、…ふります。　②…なかまですが、…います。…もぐって、…います。　③…つめは、…います。…ときは、…出します。

4 考え方　句点(。)は、文の終わりに付けます。
(×を　つける　もの)①・③・④
考え方　①「えきは　どこですか。」③「ほっ。」の「　」をとる。④「いま、だいどころよ。」となります。

56ページ

1

　このあいだ、お
とうさんと　つり
に　いきました。
　ぼくは　なかな
か　つれません で
した。かえる　こ
ろに　なって、や
っと　一ぴき　つ
りあげました。

2 ①こんどは、…　②…すいたので、…　③…なると、…　④先生が、…　⑤…しまわないように、…
考え方　長い文では、意味の切れ目に注目して、読点(、)を付けます。

57ページ

3 (1)4　(2)…ゆき子が、…のばして、…　(3)「あらあら、ころんでも　なかないのね。」　(4)ロボットのように
考え方　(1)で、(3)の「　」の言葉は、文の一部に含まれているので、一文として数えません。

指導の手引き　句読点やかぎは、主に読み手のために付けるものですが、書き手が自分の考えを整理しながら書くためにも大切です。日頃から、忘れず付けるように注意させましょう。

13　ことばを　つなぐ……………

58ページ

1 ①サッカーボール　②こうつうあんぜん　③しゅうごうじかん　④メロンパン
考え方　それぞれの言葉をつなげてみて、どのような言葉ができるか考えましょう。

2 ①つかい―こなす・はじき―とばす・とび―まわる　②たち―ふさがる・まい―おどる・ふり―かざす　③ぶ―あつい・のぞき―見る・すり―きれる
考え方　二つ以上の言葉が合わさって、別の一つの言葉となったものを「**複合語**」といいます。複合語については、どんな言葉が合わさってできたものか考えながら、一つ一つ覚えていくようにしましょう。

59ページ

3 ①休み―じかん　②山―のぼり　③町―外れ　④なげ―すてる　⑤くみ―あわせる　⑥おし―あてる

4 ①かわく　②つく　③くれる　④まもる　⑤よせる　⑥へる

指導の手引き　それぞれの言葉に、解答以外の言葉がつながる場合もあります。よく使われる言い表し方として覚えさせましょう。

60ページ

1 (○を　つける　ほう)①下《した》　②上《うえ》　③上　④上　⑤下　⑥上
考え方　単語に「が」「を」のどちらの助詞が付いているかで、つながる言葉が決まります。

2 ①なげる　②むすぶ　③たべる　④ふる　⑤きる　⑥きく
考え方　それぞれの言葉がどのような動作と結びつくかを考えましょう。

61ページ

3 ①出し・こみ・つき　②おし・ひき
考え方　①で「にげこむ」と「にげ出す」が考えられますが、文脈からふさわしい言葉を確定させるようにします。

4 ①ひろいあつめる　②とび下りる　③つみとる　④あらいながす　⑤おりまげる
考え方　選択肢の言葉をつなげて、自然な一語の言葉となるように、言葉の形を変えてみましょう。うまくつながるものを一つ一つ探していくようにします。

14　かざりことば……………

62ページ

1 ①ウ　②ア　③イ　④エ　⑤オ

考え方 様子を表す副詞に合う動詞を選ぶ問題です。言葉のあとに、選択肢の文を続けて、意味が通るものを選びます。①〜⑤の修飾語(飾り言葉)が、それぞれ「ア おこっている」「イ かがやく」「ウ ひきずる」「エ およぐ」「オ あるく」に係り、詳しく説明しています。

> **指導の手引き** ある言葉を、「どんな」「どのように」という形で詳しく説明している言葉を「**修飾語**(飾り言葉)」といいます。

2 ①白い ②ふかい ③赤い ④たかい ⑤くろい ⑥こわい

考え方 ①〜⑥のたとえの言葉が、選択肢の形容詞を修飾しています。それぞれの形容詞が表す状態を修飾するのに、どのたとえがふさわしいかを考えます。

63ページ

3 ①花が ②する ③あらう ④すすむ ⑤ふくを

考え方 ②「まい日する」のように、〰〰の言葉を、それが飾っていると思われる言葉に直接つなげて、意味が通るかどうかを判断します。

4 ①白い ②大きな ③ぐんぐん ④赤い ⑤もくもくと

64ページ

1 ①けわしい・きれいな ②さむい・あたたかい

考え方 それぞれ、①「山を・夕やけの」②「ふゆには・セーターが」を修飾しています。

2 ①しとしと ②めらめら ③ぺらぺら ④ぶるぶる ⑤ぐらぐら ⑥なみなみ ⑦するする ⑧くるくる

考え方 ①「しとしと…ふる。」などのように、それぞれ様子を表す副詞が動詞を修飾しています。

65ページ

3 ①よい ②たかい ③かるく ④きれいな ⑤うっとり ⑥やっと ⑦おもい ⑧あまり ⑨すこし ⑩おいしい

15 こそあどことば……

66ページ

1 (〇で かこむ もの)あの・その・これ

> **指導の手引き** **指示語**(こそあど言葉)は、物事・場所・方向などを指し示す言葉です。指す内容をつかむことは、文章を読み取るうえでの基礎となるので、しっかり習得させましょう。

2 ①それ ②ここ ③この・どれ ④それ・これ ⑤あの

67ページ

3 ①イ ②ア ③エ ④ウ ⑤エ

考え方 指示語はさまざまなものを指しますが、それぞれどのような内容を指すために用いられるのかを考えるようにします。

4 ①あの ②これ ③どこ ④どの ⑤そう

68ページ

1 ①そっち ②あちら・こちら ③この・それ

考え方 ③で、「それ」は、「ながい しっぽ」を指しています。

2 ①どれ ②ここ ③どこ ④ああ ⑤あの

考え方 ①・③のように、「どれ」「どこ」などを用いた場合は、文末が問いかけの形になることが多い。

69ページ

3 3

考え方 「あそこ・あれ・その」の三つです。

4 ①小さな 音 ②大きな 山 ③(はがあんでくれた) 手ぶくろ

考え方 ふつう、指示語の指す言葉は、その指示語より前にあります。

チャレンジテスト⑤

70ページ

1 ①にげました ②あがる ③しくみの

④人が ⑤きます

考え方 〰〰の文節と、それが説明している文節とを直接つないで、意味が通るか確かめるようにします。

2 （、の つく ところ）しかし、小さな…つくられるように なると、とけいは…（。の つく ところ）…つくられて います。…うごかして いました。…うごくように なりました。

考え方 読点は、意味の切れ目に付けます。ここでは「しかし」「…なると」で、意味が切れていることに注意します。

71ページ

3 ①ほる ②うつる ③おくる ④かわく ⑤にぎる ⑥すう

4 ①わたしは ほっと むねを なで下ろしました。
②こうえんへ いって、ぼくは かみひこうきを とばしました。
③かいだんを 下りて、うみの ほうへ あるいて いくと、いえに つきます。

考え方 文を読んで、不自然に感じられる箇所を見つけます。

チャレンジテスト⑥

72ページ

1 ①は・を・へ ②は・へ・を ③は・を ④へ・を

2 ①山のぼり ②ものしり ③早おき ④ながれこむ ⑤ながびく

指導の手引き 二つの言葉を組み合わせると、別の一つの言葉（**複合語**）ができることを意識させます。

73ページ

3 （一つ目）それ…（あたまから ひげのように のびた） しょっかく
（二つ目）これ…ものに ふれた かんかくや においの かんかく

考え方 まず、指示語を見つけ、その指示語より前に、指している言葉がないかを調べます。その言葉が見つかったら、指示語にそれをあてはめて、文の意味が通るかどうかを確かめます。

4 ①とび出しました ②おちました ③あるき出しました ④ちゅういされました ⑤みのった

16 生《せい》かつ文《ぶん》を よむ……

74ページ

1 (1)おまつり (2)こうえん

考え方 答えになる部分に印をつけてから書かせるようにします。また、「いつ」「どこで」「何時から」というように、それぞれの内容を読み取るようにします。

2 (1)はくぶつかん (2)きょうりゅうの ほね (3)きょうりゅうの ほねが 大きかった こと。 (4)イ

75ページ

3 (1)花火 (2)もって かえる (3)3

76ページ

1 (1)ちかくの 山 (2)やさいとり (3)おべんとう・水とう・ぐん手・タオル・雨ガッパ (4)とちゅうで 雨が ふった ときに きる ため。

考え方 (2)服装の「ながぐつ」と「ぼうし」は含めません。

77ページ

2 (1)クリスマスかいの じゅんび (2)大きな 木 (3)ほし（おりがみを ほしの かたちに きった もの） (4)わた (5)くつ下の かたちに きった かみ (6)きょうしつの うしろ

考え方 一つ一つの事柄を丁寧に読み取っていきます。(6)最初のほうに書かれています。

17 手《て》がみ・にっきを よむ……

78ページ

1 (1)かずお(から) おじいちゃん(に)
(2)(りっぱな) ずかん (3)ア

考え方 (3)最も伝えたいことは、手紙の初めのほうに書かれています。

79ページ

2 (1)六月一日(日よう日)
(2)せんたくものを ベランダまで はこぶこと
(3)ウ (4)ウ

> **指導の手引き** 手紙・日記は学校の活動だけでなく、日頃の暮らしの中でも実践できる「書く手段」です。起こったできごとを家族の誰かに手紙の形で報告するのもよいでしょう。

80ページ

1 (1)イ
(2)(いつ)九月二十日(日よう日)
(なんじ)九じ
(3)シンバル

考え方 (1)いちばん詳しく書いてあることは何かと考えると、「おばあちゃんをえんそうかいによぶこと」がこの手紙の目的だとわかります。

81ページ

2 (1)ひるごろ
(2)かさを もって こなかったから
(3)おかあさんが とどけて くれた (ながぐつと かさ)

考え方 (3)日記にタイトルをつけるというのは、主題を意識させるうえで大切なことです。「おかあさんの やさしさが よく わかる」をヒントに、お母さんが何をしてくれたのかを読み取りましょう。

チャレンジテスト ⑦

82ページ

1 (1)ふとんしき・せんたくたたみ・おさらあらい・しんぶんとり
(2)さむくて、たくさん ふとんを しかないと いけないから。
(3)あらいたての タオルは ふかふかで、きもちが いいから(です。)
(4)ウ

考え方 (1)あとのほうに書いてある、ときどきするおてつだいも含めます。(3)直後に「それは」とあるので、そのあとに理由が書かれています。

83ページ

2 (1)ひろき(から) あきらくん(に)
(2)おおさか
(3)おおさかの たのしい ばしょを あんないして ほしい・学校の はなしを きかせて ほしい

考え方 (3)ひろきがあきらくんにお願いしている部分を探します。

18 せつめい文《ぶん》を よむ ①……

84ページ

1 (1)大ぜいの 人を はこぶ
(2)つりかわや 手すり (3)ア

考え方 (1)のような設問には、「〜(という)はたらき」で終わるようにすると、よりよい答えになります。

85ページ

2 (1)かみ (2)しんぶん・本・お金
(3)やぶれたり もえたり しやすいから。
(4)イ

考え方 (4)前に書かれている内容と、ふつうの紙は水にぬれるとどうなるかを考えます。

86ページ

1 (1)はし
(2)大きな 木(を きった もの)
(3)ひろい (4)イ・ウ (5)だい・あいだ

考え方 (3)あとの段落に「川の はばが ひろくて」とあるので、それもヒントになります。(4)それぞれの内容が書かれてある部分をよく読み、正誤の判断をします。(5)最後の段落にある言葉を抜き出します。

19 せつめい文《ぶん》を よむ ②……

88ページ

1 (1)①かん字 ②川 ③川 ④かわ
(2)(れい)ものの かたちを もとに つくった かん字

考え方 (1)前の段落の「山」を「川」に置き換えて考えます。②～④は漢字なのか、ひらがななのかも注意します。

89ページ

2 (1)①林 ②森 (2)**ウ**
(3)(れい)かん字と かん字を くみあわせて つくった かん字が ある こと。

指導の手引き どちらも、具体例を組み合わせて説明したいことを示している文章です。同じような表現形式が出てくることに注目させましょう。

90ページ

1 (1)(赤)とまれ (青)すすめ (きいろ)ちゅうい (2)白い しま
(3)ここ(この しまの ところ)を あるきなさい。
(4)ものごとを 人に つたえる とき
(5)しんごうの いろ・おうだんほどうの 白い しま・たかい たてものの 赤い ランプ (6)**オ**

考え方 (6)少し難しい問題です。「でも」という逆説の意味の接続語があるので、その前には、「でも」のあとの内容と反対の事柄が書かれていることになります。

指導の手引き 説明文の具体例は、複数挙げられている場合があります。話題に合わせて文章を分けるという作業にも取り組んでみましょう。

チャレンジテスト ⑧

92ページ

1 (1)(えだこ)えの かいて ある たこ
(字だこ)字の かいて ある たこ
(2)**ウ**
(3)(空に あげると、)ながい からだを くねらせて いるから。
(4)**ア**

考え方 (3)すぐ前に書かれています。

93ページ

2 (1)**ウ**
(2)しんぼうに する ため。

考え方 (1)具体的にどんぐりごまが説明されていることから、ウの「みぢかな」だとわかります。

20 おはなしを よむ ①……

94ページ

1 (1)(ある) 山おくの 一けんや
(2)(れい)たぬきが いたずらを するから。
(3)糸車を まわして 糸を つむいで いました。
(4)糸車を まわす まね
(5)目玉
(6)(れい)たぬきが まねを するのが、おもしろかったから。

考え方 登場人物がたぬきであることは、それがいたずら好きであることを暗示しています。(6)場面を想像して考えます。

96ページ

1 (1)村はずれ(の) みちの そば
(2)**ア**
(3)あそびに きた (子どもたちに) ひろわれて (いった。)
(4)たかい えだの 先 (5)子どもたち
(6)一わの 小とり (7)**ウ**

考え方 (3)二段落目の文章から、地面に落ちたどんぐりがどうなったのかを読み取ります。

指導の手引き 文章の概要をとらえさせるために、空欄補充の問題がしばしば出題されます。手がかりになる言葉を、前後の文章から読み解くようにしましょう。

21 おはなしを よむ ②……

98ページ

1 (1)王さまの へやの まどの 上

(2)(いっしょうけんめい)　すを　つくりなおして　いる。
(3)つばめの　すが　気に　なるから。
(4)イ　(5)ウ
(6)①ウ　②ア　③イ
考え方　(5)「はやく」と迷いますが、よそ見ばかりしている王さまの態度を注意しているので、「しっかり」が入ります。

1 100ページ
(1)①○　②×　③○　④×　⑤×
(2)(おじいちゃんと　いっしょに、)ぼくを　ようちえんまで　おくって　きて　くれる。
(3)小さな　はこに　入れられて、つつじの　木の　下に　おいて　あった。
(4)(れい)クロを　ひろった　日が、お父さんの　たんじょう日だったから。
(5)クロと　いっぱい　あそべたから。
考え方　(1)登場人物とクロとの関係を整理して読むようにします。また、物語中の出来事がいつ起きたことなのかにも注意しましょう。

22 むかしばなしを　よむ……

102ページ
1 (1)じさま
(2)(なんど　すもうを　とっても、)まけてばかり　いるから。
(3)(○を　つける　もの)ふとった　ねずみ
(4)(○を　つける　もの)やせた　ねずみ
(5)もちを　ついて　やった。
(6)(れい)やせた　ねずみの　ことが、気《き》に　なったから。
(7)もちを　たべたから。
考え方　(6)もちをついてやったので、じさまは、その結果、やせたねずみがどうなったのかが気になったのだと考えられます。

1 104ページ
(1)びんぼうがみ・おっと
(2)金もちに　なる　ほうほう
(3)にょうぼう
(4)ながく　ふうふで　いたから。
(5)イ　(6)びんぼう
(7)イ
考え方　(6)金持ちになる方法を教えられながら、夫がそれを実行できないとしたら、どうなるかを考えましょう。

23 しを　よむ……

106ページ
1 (1)あったかそう・ねむたそう　(2)夕日
2 (1)しゅっ(と)　(2)ア
107ページ
3 (1)ねぼうしたから　(2)イ

指導の手引き　詩の読み取りの基本は情景の把握です。情景とは、人の心の動きを通してとらえられた場面や景色のことです。作者がそれらをどのように描写しているかに注目させましょう。

108ページ
1 (1)かおを　まっかに　して　いる・ぼくの　かおを　にらみつけて　いる・はさみを　ふりあげて　いる
(2)イ
考え方　(2)詩はユーモラスに描かれていますが、タイトルを見ると、作者はその様子に怖さを感じていることがわかります。

2 109ページ
(1)なみだを　ながして　(ないて)
(2)みんな
(3)①×　②○　③×
考え方　(2)お風呂場の情景描写から、実際にはどのような場面なのかを想像します。そして、あとの「そろって」の言葉から考えます。

チャレンジテスト⑨

110ページ
1 (1)いっすんぼうし
(2)小ゆびぐらいの　大きさ

(3)(れい)いっすんぼうしが　大きく　なること。

(4)・はり(を)　かたな(に　した。)・おわん(を)　ふね(に　した。)・はし(を)　かい(に　した。)

考え方 (3)二段落目の内容から考えます。

111ページ

2 ①にんじん　②ねずみ　③どうなつ　④くも

考え方 実際の牛の様子を想像して、言葉を当てはめていきます。

24 文《ぶん》を　つなぐ……

112ページ

1 ①だから　②または　③けれども　④すると

考え方 二つの文または単語が、つなぎ言葉によってつながっていることを確かめましょう。

指導の手引き 接続語(つなぎ言葉)は、単語や文節、文と文などをつなぎ、前後の関係を示す役割をしています。読解の際に文脈をつかむためにも、その役割をきちんと押さえることが必要です。

2 (×を　つける　もの)②・③・⑤

考え方 ②しかも↓それとも、③だから↓でも、⑤さいたけれど↓さいたので　のように直す必要があります。

113ページ

3 (○を　つける　ほう)①も　②それとも　③けれど　④すると　⑤なら

4 ①イ　②ウ　③ア　④オ　⑤エ

考え方 ①前が条件を、あとがその結果を表します。⑤前の事柄に対し、あとがその逆の結果を表します。

114ページ

1 (れい)①きょうは　はれて　いたので、こうえんへ　いった。②ひっしに　べんきょうしたが、せいせきは　上がらなかった。③雨やどりを　して　いたら、雨が上がった。

考え方 ①前の文があとの文の理由を示します。②前の文に対し、あとの文が逆の結果を表します。

2 (れい)(1)①犬の　さんぽを　して　いた。②すると、しんせきの　おばさんに　あった。

(2)①かぜを　ひいた。②それで、一日中いえで　ねて　いた。

(3)①もけいの　ひこうきを　つくった。②けれども、こわして　しまった。

(4)①まえもって　じゅんびして　いた。②しかし、よていが　かわった。

考え方 話の流れに合うつなぎ言葉を当てはめて、一つの文を二つの文に分けます。

115ページ

3 ①ところが　②そこで　③すると

考え方 ②「そこで」は、前の文が表す事柄に対して、予想される順当な事柄があとの文で述べられることを示します。

25 ながい　文《ぶん》しょうを　よむ……

116ページ

1 (1)ウ　(2)すを　大きく(する　ため。)　(3)イ　(4)ア　(5)くろおありの　すの　入り口

考え方 (1)次の段落に書かれているありの様子から考えます。(2)指示語に注意して、傍線①を含む段落の内容をとらえるようにします。

118ページ

1 (1)じぶんの　やっこだこが、いちばんたかく　上がって　いるから。

(2)あわてて　糸を　まいた　とき　(3)イ

(4)こわい　かおを　した　おじさん

考え方 (1)「…ので」という、理由を示す接続助詞に注意します。(3)次の段落の描写から、このときのけいたくんの心情を考えるようにします。

チャレンジテスト ⑩

1 120ページ

(1)㋐ウ ㋑エ

(2)①車 ②おもたい どうぐ ③ざいりょう ④空

(3)エ

(4)5(つ)

考え方 (3)次の段落に、「ふねの ま上に ヘリコプターを とめ」とあります。

しあげテスト ①

122ページ

1 ①しんりん ②あおぞら ③せんせい ④くさばな ⑤おおあめ ⑥ゆうひ ⑦ほんみょう ⑧どそく

2 ①川・下る ②水車・入る ③学校・休む ④早く・山 ⑤白い・貝

3 ①くらい ②あつい ③おそい ④かるい ⑤つよい

123ページ

4 ①やしの み ②はなびらの 上 ③ほしかった ゲーム

考え方 ③指示語の指すものは、その指示語より前にあるのがふつうですが、ここは倒置によって、指している内容が後ろにきています。

5 ①とても ②たぶん ③なんと ④さっと ⑤きいろい

考え方 〰〰線の言葉の様子や程度などを詳しく説明している言葉を探します。

しあげテスト ②

124ページ

1 (1)きょうの ひるの 休みじかん

(2)きょうしつの つくえの 上

(3)先生が 「ようい、どん。」と いって、手を たたいた。

(4)㋐ア ㋑エ

(5)まだ すこし まわって いた。

(6)①○ ②× ③× ④○ ⑤×

考え方 (3)「だれが どのように」と問われているので、二つのポイントを押さえて書くようにします。

> **指導の手引き** 読解問題では、出来事を正確に読み取る作業がとても重要です。また、答えの手がかりには、必ず印をつけるようにしましょう。

しあげテスト ③

126ページ

1 (1)いえの とけいが とまって (いたので、)じかんが わからなかった(から。)

(2)ア (3)ウ (4)イ (5)㋒あかるく ㋓くらく

(6)人びとが 町で いっしょに くらしたり はたらいたり するように なったから。

考え方 (2)あとに「とまったら」とあるので、仮定の表現になり、「もしも(もし)～たら(ても)」となります。(4)前の段落では反対の内容が書かれているので、逆接の意味のつなぎ言葉を選びます。

> **指導の手引き** 読解力をきわめるのは、「原因」「理由」を見抜く力です。「～ので、～から」という表現に注意するくせをつけさせましょう。

128ページ

2 (1)①イ ②イ ③ウ ④ア ⑤ア

(2)かきねの そば

考え方 詩の中で、「しらない 子」と私の距離がどのように変わっていったかを読み取りましょう。